Change

人生是
不斷地破關

10,820,000

REVOLUTIONS

CHINA · EUROPE · AFRICA

1082萬次

張修維 ——— 著

轉動

帶著電玩哲學的單車冒險

INDEX

要足夠豐盛，
才能與這世界平等對望

劉安婷

第一次遇見修修，是個特別的時間點，因我們剛好各自都正要啟程，只不過方向恰好相反：他正要離開台灣，我正要回來台灣。回頭看，真覺得有趣，這個看起來與我「背道而馳」的人，卻也是一個不曾離開的陪伴者；而且，他所騎的每一里路，不僅沒有增加我們之間的距離，反而帶著我更接近想到達的目的地。

先說說我們怎麼認識的吧。我自己是在2012年開始有回台灣的念頭，在摸索了半年後，還是拿不定主意，於是在2013年七月決定短暫回台灣「試試水溫」。那時，我曾禱告，如果這是我回台灣的時刻，我需要有「對的人」，不然我離開台灣五年了，沒錢沒人脈，能做什麼？

在一片混沌中，我厚臉皮地辦了一場分享會，當晚竟來了近100人！原本因為收到正面回饋鬆了口氣，不過回家後，每當我追問是否願意進一步投入，卻只得到一個又一個的「不好意思……」。在極度灰心的時候，我忽然收到一個訊息：「哈囉同鄉！跟你說一下喔！到時候要開始拉企業贊助時，我可以幫忙介紹我以前的業務總經理。我之前要離職時，他特地跟我說他也很有興趣做公益，到時候需要幫忙可以跟他說！……」

我是個很不會記名字的人，看了傳訊息的人「Shosho Chang」，隱約記起這是那個同樣來自台中、即將要去騎腳踏車環遊世界的男生……我想，我們非親非故，他應該是說說而已吧！

沒想到，他立刻聯絡了主管，即使開始騎車後，也是一有網路，就寫信來問我們近況如何、怎麼幫忙，不曾間斷。甚至在騎到烏魯木齊、據他說連變速器都結冰的狀況下，還不忘繼續關心。一有機會回到台灣，還沒好好休息，便立刻安排與

他前主管會面，到後來甚至自己掏腰包捐了十萬塊給創業初期的TFT團隊。我跟他道謝時，只記得他說：「這筆錢反正我也用不上，給你們用有價值多了。」現在，看著書裡頭描述他如何在旅程中省吃儉用，我難以描述心中的感動。非關金額、非關形式，在我們什麼成績都沒有時，他用行動表達他的相信。我知道，修修是那時我禱告的「對的人」。

老實說，我是很少看「旅行文學」的人，但在這本書確定出版之前，我就已經是修修文字的忠實粉絲，因為旅行是一面鏡子，他的文字所描繪的，就是我所認識、所敬佩的修修：真誠、溫柔、不卑不亢。他筆下的故事本身就是有生命力的：沒有一味地崇拜外國的月亮、也沒有用標籤簡化任何人事物。我相信，一個足夠豐盛的人，才能與這世界平等對望。謝謝修修給我推薦這本書的機會，相信讀者們也能因著這本書，變得更加豐盛。

所以，到底那個想到達的目的地在哪裡？我想，修修在書的最後引用的歌詞說的最貼切：
A brotherhood of man（大家都是一家人）
Imagine all the people... sharing all the world...（想像一下，如果每個人能一起分享全世界……）
You may say I'm a dreamer（你或許會說，我是在做夢）
But I'm not the only one（但我不是唯一一個）

不是遊記，
而是思緒的激盪

徐正能

「這，我不能收啊，你們收留我一晚，還準備食物給我吃……」

「沒關係，收下吧，去多買一些巧克力！」

修修看著Warmshowers留宿的英國媽媽遞過來的20英鎊紙鈔，眼淚在眼眶中打轉。一個小小的動作，我們一生中應該都經歷過，不過大都是來自長輩、摯友。然而，不論是陌生人或是親友，所傳達的都是對人最真誠的關懷！

《1082萬次轉動》不是一部遊記，它記錄的是思緒的激盪、文化的衝擊以及對人性的省思，在裡面我讀到的是修修內心世界的整理和反芻。

2013年修修來到雲豹，告訴我一個不像計畫的「環球大亂走」計畫。我並沒有贊助他車輛，因為雲豹有個不成文的內規，針對自我挑戰計畫，每條路線，原則上我們只贊助一次。修修的路線，基本上已經有其他雲豹車友走過了。然而，為了鼓勵這位勇於挑戰自我、同時還是交大學弟的年輕人，雲豹還是給予最大的方便，也承諾協助執行全程的補給工作。

在出發前的幾次討論，我看到的是修修外表的豪邁不羈以及近乎無可救藥的樂觀，但是，他的旅程開始之後，雲豹透過臉書跟著他的腳步在全球亂走，過程中我才發現，修修的「亂」是有計畫的，而他的文字充分展現他的個性，更可貴的是，修修的文章有血有肉，不羈只是表象，細緻、熱情才是真正的他。

作為一個阿宅，同時又是魯夫的粉絲，修修給我們的當然是生動、詼諧、粗獷甚至偶爾不算優雅的敘事方式，這樣的「修式」風格讓他的故事讀起來非常流暢、輕鬆。然而，故事內容卻經常碰觸到我們或許都不知道如何解答的議題，內心的香格里拉、波羅的海之路、盧安達的部落戰爭等故事都能讓平常關心土地、自

由、平權的人動容，甚至淚水盈眶。

三十年前的台灣，還處在探索「我是誰」的階段，當年胡榮華的《單騎走天涯》激勵了不少台灣人挑戰自我，走出台灣，看見世界。三十年後的台灣，已經進步到「我能做些什麼」的境界，《1082萬次轉動》以台灣人的眼光，探索人性、社會以及世界。希望修修的故事，能促使更多人願意去看、去聽、去感受、去了解「差異」。

旅行吧！或許這是讓世界的人彼此了解的最好方式！

我的電玩人生

張修維

身為一個阿宅，把電玩或漫畫主角當成人生的榜樣，是很合理的事情。

我小時候最喜歡的遊戲是角色扮演類（RPG），它能暫時讓我脫離繁忙的課業，進到另一個世界。我國中時最紅的遊戲是《太空戰士五》（Final Fantasy V），每次當我騎著陸行鳥，或是駕著飛空艇，去探索未知的世界時，心中總是澎湃不已。

那時簡直玩到了廢寢忘食的地步，我還買了台二手的Game Gear，配上一個電視調幅器，成了史上最小的電視。我半夜就把這台小電視和主機全部搬到棉被裡，繼續奮戰。雖然螢幕只有小小的三吋，比現在所有的智慧型手機都還小，但裡面的世界卻好大。

上了大學，《海賊王》橫空出世，魯夫成了我的新偶像。「出海啦！」「我要吃肉！」成為我的口頭禪。研究所畢業前，我和一個朋友，背著吉他和音響器材，準備騎著機車環島一圈，沿路賣唱。若我們能用賣唱賺的錢，支付所有旅費，就封自己為「環島走唱王」。

我們花了十九天環島一周，還去了綠島一趟，唱了〈綠島小夜曲〉。那是個沒啥街頭藝人的時代，我們唱了十三場，賺了近三萬塊，扣除旅費還剩五千，全捐了出去。

畢業後，正式登入「職場on-line」，但我還是秉持著我的電玩哲學。我知道以目前的等級，是沒辦法賺太多錢的，我必須多打小怪，多賺點「經驗值」，讓「語言能力」和「世界觀」這兩個能力值增加，之後才能解更高等級的任務。

於是我捨棄了薪水不錯的國防役不做，先跑去當兵，退伍之後，把完全沒說過英文的自己丟到澳洲待兩個月，讓自己磨練到至少敢開口。回台灣後進了華碩的亞太業務部，很苦命地被派駐去印度，周遊孟加拉、巴基斯坦、斯里蘭卡等南亞諸國。兩年後，感覺自己升級了，決定挑戰高薪工作，進入了聯發科，被派到中國去賣IC。我運氣不錯，老闆也很照顧我這個傻小子，我真的存了點錢。

但再過四年，我忽然發現：我停在同一個地方，打同樣的怪打太久了，雖然我的「金錢」數字越來越大，但是「經驗值」卻停止增加了，更糟的是「智力」和「體力」還呈現下滑趨勢。

大家如果玩遊戲時，遇到這樣的情況，會怎麼辦呢？是留在原地繼續欺負小怪史萊姆，還是走向地圖上尚未被探索的部分，去接受新的挑戰呢？

「出海吧！」身為一個阿宅，我的選擇再簡單不過了。於是我辭了工作，再次背上吉他，交通工具換成了腳踏車，花了兩年時間，走向亞、歐、非三個大陸，尋找屬於自己的大祕寶。

如果你準備好了，我們就按下「開始」鍵，一起來看看前方有什麼冒險在等著我們吧！

QR code map

掃瞄QR code，體驗修修的旅程。

序章：出航

這一路上最常被問到的問題就是：「你一個人啊？」聽到我肯定的答覆後，他們常常一邊搖頭，一邊露出一副看到鬼的表情（或許那時我看起來真的像鬼），接著問：「怎麼不找個伴呢？」「一個人騎不會很危險嗎？」「路上發生意外怎麼辦？」……

欸，這些我都知道啊，但「把工作辭了去騎腳踏車環遊世界兩年」這種事，在台灣不是隨便找就能找得到伴的，何況我是那種難相處的怪咖，所以結伴同行這個念頭只在腦中一閃即逝，況且真要出海，當然要像《海賊王》的魯夫一樣，一邊尋找大祕寶，一邊沿路找伙伴啊！偉大航道上最不缺的就是怪咖和強者了。

第二名的問題大概就是：「你為什麼要這麼做？」我常常這樣反問：「為什麼不？」雖然我有一份相當不錯的工作，和同事相處融洽，主管也很欣賞我，我的考績也一直名列前茅，再加上公司業績大好，今年應該又會有一筆為數不小的分紅進帳。但我一直覺得，錢再賺就有了，很多事情卻是再多錢都買不到的，親情、友情、陪小孩一起長大、還有趁年輕時展開一場轟轟烈烈的大冒險。

我前一陣子在追一部日本動畫，叫作《進擊的巨人》，故事裡的人類只能生活在一道高牆裡，牆外到處都是會吃人的巨人，人類只要一到牆外就有生命危險。但主角不怕，他加入了「調查軍團」，任務是探索牆外的世界，有人問他為什麼，他很激動地回答：「那還用問嗎？因為世界就在那裡啊！」我感動得眼淚鼻涕直流，是啊是啊，就是這樣！

還有一個問題也很常被問到：「你騎過最困難的地方是哪裡？」後來回想起來，似乎才剛出發不久，我就經歷了此行最困難的幾個路段了。其中一條就是——台北到基隆碼頭這短短的三十公里。

記得出海的那天早上，我雖然很早就醒了，但還是賴在床上，翻來覆去，怎樣就是不肯下床。眼看就要來不及了，才心不甘情不願地開始準備行李，把要帶的東西毫無章法地塞進腳踏車袋裡，結果發現重量不夠平均，又全部拿出來重塞一次。看著「塞好塞滿」的行李，我不禁苦笑——我真的要帶著這麼多東西騎車嗎？會不會連台北車站都到不了？

沒錯！在今天之前，除了測試這台腳踏車的性能之外，我從沒把所有的行李搬上車試騎過，就很單純地抱持著「別人辦得到，我應該也可以吧」這種想法。現在看到眼前這副景象，我開始思考有什麼東西不是必需品，可以從快爆炸的包包中移除了。正當我苦思著，忽然發覺：咦，我好像忘記買一個很重要的東西——防風防水的長褲！雖然現在台灣還是夏天，但不久之後我可能就會身處四千多公尺的高山上啊，怎麼會連這麼重要的東西都忘了呢？

原本要和才交往半年多的女友一起去龍山寺拜拜，現在得多安插一個行程了。我們趕緊坐公車到內湖的運動用品店做最後採買，我來不及比價了，直接請顧店的阿姨把最好的GoreTex褲子拿出來，再多買一件刷毛長褲，兩雙超厚的襪子，還有一個套在脖子上保暖的頸圍（果然這些東西不久後就全用上了）。

火速結帳之後，隨便在賣場的三商巧福吃碗牛肉麵，就又趕到龍山寺去，祈求觀

世音菩薩保佑我一路平安。女友幫我求了個護身符,是我喜歡的紫色。

其實我本來決定,完成這趟旅程前不打算交女朋友的(這樣才有豔遇的機會啊),但緣分到了就是到了,擋也擋不住。而且她也真夠奇葩,知道我的計畫還願意跟我在一起。感情空窗九年的我,知道這樣的女孩子,錯過的話可能一輩子就再也遇不到了,所以絕對要把握機會。但是才在一起沒多久,卻連熱戀期都還沒過,就要離開她兩年,就連灑脫如我,心裡也真的是萬般不捨。

回到我住的地方。我把所有行李掛上車,再次檢查確認沒有漏掉任何東西後,準備動身前往台北火車站。

我左腳踏下踏板,車子搖搖晃晃地前進,花了我好一陣子才穩定下來——車子實在太重啦!我大概估計過,整台車加上所有行李(當然還有背上的吉他),總重竟然超過六十公斤。每次一把車停下來,我都覺得整台車好像要把我用來支撐的腳壓垮似的。騎乘途中,手臂的力氣似乎都拿來維持平衡了,再加上我還背著一把吉他,說有多麻煩就有多麻煩,我開始後悔帶著它了。

八月午後的台北街道,熱得似乎柏油都快融化,中山北路上,機車不斷地從我後面呼嘯而過,好幾次都逼得我得停下來,保持平衡之後再繼續前進。到台北車站只有短短的幾公里,我竟然花了半小時才到,全身上下都被汗水浸濕,像是游泳過來似的。女友不久之後也到了,我又把所有的行李卸下,把車的前輪拆下,車子裝到攜車袋裡,等等才有辦法上火車。

我算了一下,一個三十五公升的後背包,一個前手把包,兩個前馬鞍袋,兩個後馬鞍袋,再加上一把吉他,我總共有七件行李,以後出發前一定得算清楚,一件都不能落。我一肩扛著裝好袋的腳踏車,另一隻手提了兩個大馬鞍包,背上背著背包,脖子掛上手把包,剩下兩個小馬鞍包和吉他真的拿不動了,就交給女友負責。我們舉步維艱,緩慢地往月台移動。

前往基隆的區間車到了，我又掙扎地把所有行李搬上車，幸好不是上下班時間，乘客還不算太多，我們找到一個靠邊的座位坐下來，把我的車橫在我們前面扶著，所有其他的行李就散落在我們四周，如此大的陣仗，引起許多乘客的側目，因為腳踏車太大，有些部分露出攜車袋，還被列車長關切了一下。

火車啟動了，慢慢從地下駛向地面，陽光射了進來，女友把頭靠著我的肩膀休息，我看著窗外迅速閃過的台北街景，腦中浮現了一首歌的旋律。

「火車漸漸欲起行，再會我的故鄉和親戚，親愛的父母再會吧，到陣的朋友告辭啦……

「我欲來去全世界打拚，聽人說蝦咪好康的攏底那，朋友笑我是愛做暝夢的憨子，不管如何路是自己走……

「喔～再會吧！喔～蝦咪攏毋驚！喔～再會吧！窩嗚喔～向前行！」

想起大學時期，我和社團的好朋友曾用這首歌拿下校內比賽的冠軍，從此之後，這首歌就變成我的主題曲。環島走唱時，我每天都會唱這首歌來炒熱氣氛。「蝦咪攏不驚！向前行！」這句歌詞，總是在我懷疑、害怕、猶豫的時候給我力量，讓我繼續向前，而這次也不例外。

火車抵達基隆車站，我們把所有行李搬到月台，又把車子從車袋中拿出來，前輪裝上，再把所有行李裝上車，往前牽了一小段，發現阻力變得很大，推不太動，輪子也發出一種奇怪的聲音。但看看時間，已經快開船了，沒時間再檢查，急急忙忙半推半抬地把車移到報到櫃檯。拿到登船證後，請工作人員幫我們隨便拍張照，我們匆忙地擁抱，吻別，依依不捨地珍重再見，真的一切都好像是在演電影。

我牽著車走過長長的通道，到達登船閘口，發現把車直接推上船就好，不用把行

李卸下來，我鬆了一口氣。登船後，工作人員示意我把車放在下層就好，等一下這一區會鎖起來。

於是我把車和四個馬鞍包鎖著，帶著貴重物品和隨身衣物上樓，到櫃檯領了鑰匙，找到我的船艙。四人住的船艙似乎只有我一個人入住，太好了，我把行李全部丟到一邊的下鋪，然後帶著相機四處逛逛。船的設備相當不錯，應有盡有，有餐廳、娛樂間，竟然還有澡堂！今天流了很多汗，能洗個澡之後再睡覺，實在太好啦。這時響起幾聲巨大的汽笛聲，船似乎已經開了，我趕緊拿著相機走到甲板上，看到船已經慢慢地駛離基隆港。

夏天的天空暗得晚，基隆港的上空像是鋪著一層深藍漸層的布，只有最亮的金星率先高掛在天空，KEELUNG字樣的大型燈牌在山上閃爍著，港邊各式各樣的霓虹燈把海水染得五顏六色。我望著逐漸變小的乘客大樓，用手機抓緊最後的機會和女友道別，我們不禁都哭了。

隨著陸地漸漸遠去，手機也收不到訊號了，我在甲板上吹著海風，看著黑暗漸漸將眼前的一切吞沒。不捨、不安等等情緒糾結在一起，然後漸漸被緊張和興奮所取代。是啊！我十年前就開始計畫的環遊世界之旅終於要開始了呀！到底前面有什麼樣的冒險在等著我呢？我不知不覺輕輕哼著：「喔⋯⋯蝦咪攏毋驚，窩嗚喔⋯⋯向前行！」

喔～再會吧！

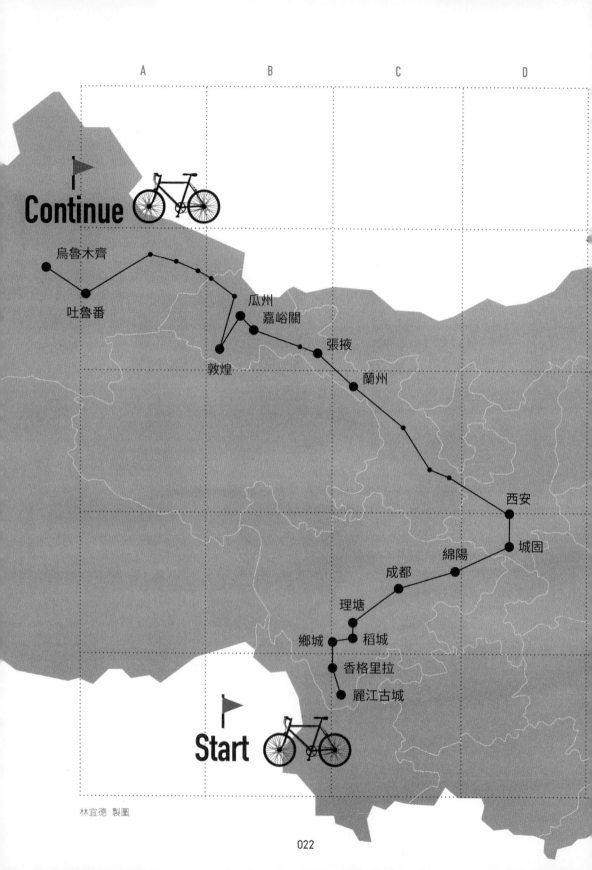

Continue

烏魯木齊

吐魯番

瓜州

嘉峪關

張掖

敦煌

蘭州

西安

城固

綿陽

成都

理塘

稻城

鄉城

香格里拉

麗江古城

Start

林宜德 製圖

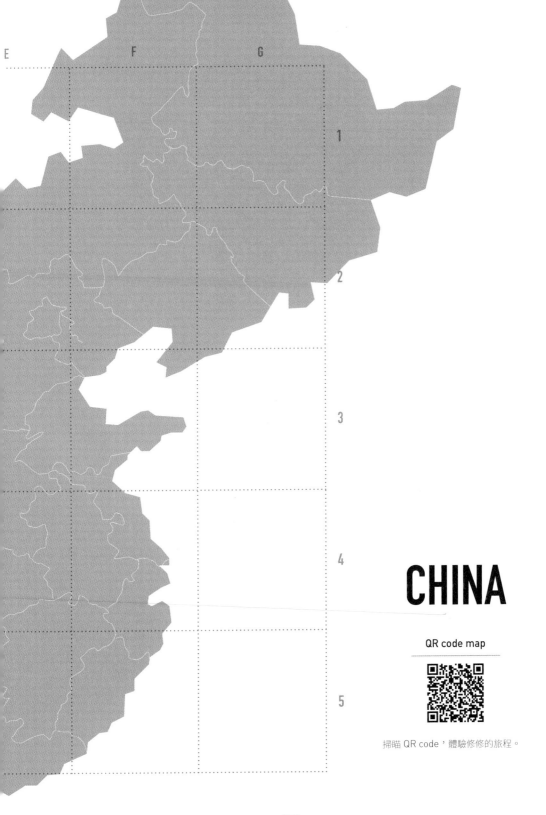

E F G

1

2

3

4

CHINA

QR code map

掃瞄 QR code，體驗修修的旅程。

人跡少
的
那條路

我站在海拔四千多公尺的高山上，雨依然不停下著，望著眼前似乎永無止境的爛路，滿身泥濘，又冷又餓。怎麼又來了？我開始細數這一生中把自己搞成這麼狼狽的種種蠢事。難道這是我的命嗎？這次又是怎麼發生的？才出發第三天哪！我想起昨天做的那個愚蠢的決定……

從地圖上看，從中甸到稻城有兩條路可以走，第一條是先沿著路況最好的214國道，再從得榮往東，第二條是必須把Google Map放得很大才看得到的山路，途中得依序翻過海拔三千九百公尺的小雪山、四千三百公尺的大雪山，以及大魔王──四千七百公尺的無名雪山（好像天龍八部的無名僧，最厲害的都沒有名字）。

第二條從地圖上看起來近多了，照里程算好像可以快一天，不如走這條吧。我想起美國詩人羅勃‧佛洛斯特的〈未竟之路〉：「樹林裡有兩條岔路，而我選擇了人跡較少的一條，使得一切多麼地不同。」下次如果有人跟你這麼說，請你跟我這樣做：第一，高舉你的左手；第二，用力把他的頭巴下去！走小路之前真的要想清楚啊……

青年旅舍裡的手繪地圖。

之前在台灣騎腳踏車最高也只到了三千兩百七十五公尺的武嶺，就連登山也才爬到三千五百公尺左右，這次的行程整個是越級打怪。我也沒想太多，打電話問了公路養護單位，知道這條路沒有受到前幾天的地震影響，照常通行。在路邊的藥局買了盒紅景天膠囊，水果攤買了些香蕉和蘋果，就出發了。只是天氣不太好，陰陰的，一直飄著細雨，氣溫雖在十度以上，但感覺很冷，讓我得把風衣穿上。

這天的計畫是翻過小雪山之後投宿翁水村，看起來高度才增加大概七百公尺而已，就沒有太精實，混到快十點才出發。結果大失算，爬到接近三千六百公尺的高度後，竟然一口氣下降到兩千八百公尺高，才繼續上攻到三千八百，總爬升高達一千八百公尺，爬得我頭昏眼花，大腿幾度瀕臨抽筋。

所幸路況還算可以，大部分是柏油路或水泥路，雖然坑坑洞洞，但沒啥大礙。儘管如此，還是比預計時間晚四小時到達翁水村，天都已經全黑了才在路邊隨便找了間旅店，要了個床位，二十塊人民幣，入住後點了一兩樣炒菜，吃飽喝足，躺在床上拉完筋，沒多久就沉沉睡去。隔天本想早點起床趕路，但是因為太累睡到八點多。目標當然就是翻過海拔四千三百公尺的大雪山後下滑，然後直衝稻城。

高度才增加五百而已，總里程也才大概八十公里，上山四十公里，時速抓七公里好了，六小時攻頂，下滑時速抓個二十五公里已經很客氣了。這樣算起來八小時左右便可完成今天任務，時間綽綽有餘。

但打開房門一看，心裡一沉，雨勢變大了，看看天空，看樣子會下一整天。但是不出發不行，咬著牙還是上路了。我超級討厭在雨天騎車，天雨路滑增加風險，而且雨水打在臉上真的很痛，水氣加上泥沙黏附在車上以及行李上，本來已經很重的車變得更重，騎起來只有幹。

一邊碎念一邊向前騎，騎了大概快十公里後，看到眼前的景象，我傻眼了，路呢？把手機地圖拿出來看，沒錯啊，方向是正確的，只是柏油路面消失了，變成泥沙和石頭組成的off-road越野路段。沒辦法，只能硬騎了，可能這一段是在修路吧，忍一下就好。沒想到這一忍就是一個多小時，路面不但沒改善，甚至更糟，我下來牽車的頻率越來越高。

有些地方甚至已經變成池塘了，我必須用我穿著拖鞋的雙腳（對，我穿拖鞋，真不知道我腦袋裝啥），走到冰冷的泥水裡牽車通過，更多地方泥巴深達二十公分以上，我一踩就深陷其中，使勁把腳拔起來了，拖鞋卻還黏在泥土裡。我的車又相當重，輪胎像切蛋糕似的陷在裡面，不要說騎了，就連牽車都得花我吃奶力氣。

一邊用力推車，後面大卡車不斷經過，有時候會夾雜一台小巴士，車上的乘客對我大聲加油，但我一點也提不起精神。這時候前面來了台四驅休旅車，整車白色的烤漆幾乎被泥水濺成土黃色，我看了心都涼了——到底前面的路是有多慘烈啊？車子停下來，一位大媽探出頭來問我要騎到哪。

「我要翻過大雪山到稻城。」我說。
她聽了一臉驚恐：「這一路上八十幾公里都是這種路啊！後面的路還要再爛！」
她接著嘟囔：「真是要命，早知道不走這裡了⋯⋯」

我聽了幾乎崩潰，天啊，算一算後面還有六十幾公里，如果都是這種路，我是要走上三天三夜嗎？但又安慰自己，中國人有時候說話都比較誇大，應該不會這麼慘吧……又把自己從自暴自棄邊緣拉回來，繼續前進。遇到看起來可以騎的路面就上車，但常常一下子又得下來推車。

就這樣折騰了快四小時，我才前進不到二十公里，途中超過玉山的海拔高度三千九百五十二公尺時還停下來拍個照做紀念，但心裡完全沒有超越極限的喜悅。雨繼續下個不停，我又餓又累又冷，存糧已經全部吃完，全身痠痛又四肢無力，停在路邊動彈不得，不知道該怎麼辦。

我忽然想到，背包裡好像還有一顆蘋果！伸手一探，果不其然，在背包底部讓我翻出這一顆宛如救命仙丹的蘋果。我顧不得髒了，馬上就大咬個兩口，眼淚差點奪眶而出——這是我這輩子吃過最好吃的蘋果！正當我要再咬一口時，戴著厚重

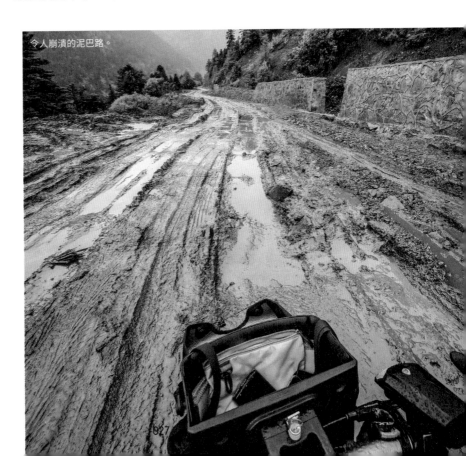

令人崩潰的泥巴路。

手套的手一滑，大半顆蘋果就這樣掉到泥巴裡。

我忽然感覺腦子裡好像有條東西斷了，我大吸一口氣，然後用盡丹田之力，大喊了一聲：

「幹！！！！！！」

那聲勢之大，整座山谷為之震動，一群鳥兒從樹林裡受驚飛起，頓時把半片天空遮住。我發洩完，比較冷靜了，自己都覺得好笑，竟然拿出相機來拍了那顆蘋果當作紀念，這以後應該會是個好故事，我心裡想。正在考慮該拿這顆蘋果怎麼辦時，我聽到「喂」的一聲。

見鬼了，這四千多公尺的深山裡，應該不會有人吧？但隨即又聽到一聲：「喂！小伙！」我順著聲音看過去，一位老先生和老婆婆站在不遠處的山坡上，更高處有一座冒著炊煙的帳篷，老先生向我招手示意我過去。

我不管三七二十一了，把車隨便丟在路邊，爬上了布滿碎石的山坡，跟著老先生進了帳篷。一陣暖意迎面撲來，我的眼鏡瞬間起霧。老先生示意我坐下，我發抖著把濕透的手套取下，不住地搓著手，已經麻木冰冷的雙手才開始有感覺。

老先生倒了一碗湯給我，我接過來喝了一口，帶點鹹味又充滿奶油的香味，啊，這是酥油嗎，這是藏族招待客人的上品啊。隨著滾燙的湯液滑入喉嚨，到達胃部，我的身體總算開始有暖意，身體也慢慢止住發抖了。

「今天才有一群騎摩托車的過去，我沒叫他們，看到你是騎自行車的才叫你。」老先生說得一口不錯的普通話。「你知道這裡是大雪山嗎？冬天是會凍死人的啊。」

我想回答，但嘴巴好像還不大靈光，只能點點頭。

他一邊搖搖頭一邊繼續說：「年輕人真是太瘋狂了，你哪裡的？」

「台……台灣。」

「喔！台灣人啊。」

我忽然想到一件事，脫口問道：「請問……這要多少錢啊？」我比了比手中的碗。依我在中國走跳多年的經驗，很多事情還是先講好價錢才不會有麻煩。

「不用錢！大家都是人嘛。」

我忽然愣住了，不知怎麼回應，只能猛點頭說是，臉頰一下子燙了起來，覺得問了這個問題實在很羞愧。「大家都是人。」我猜他想表達的是那種，人之所以異於其他動物所應具備的美德——如果看到其他人需要幫助，不管對方是什麼身分、種族、膚色，就是要伸出援手。

他繼續說：「在這裡養牛養豬辛苦啊，現在都沒有年輕人願意做這種事了。在這山上一待就是好幾個月，要用電還得靠發電機，如果陰天的話，信號塔沒有太陽能給電，手機就沒有訊號。」

一邊講，他一邊盛了一碗糌粑粉給我，說：「加點酥油到碗裡，然後攪一攪，我手髒不好意思幫你弄，對，就是這樣，弄成一團之後就可以吃了，我們藏族都是這樣吃的。」我一邊吃著糌粑，喝著酥油，看著老先生辛苦準備餵豬的飼料，忽然覺得，他活得比很多穿得人模人樣的人都還像個真正的「人」。

我用手托著下巴小睡了片刻，感覺活力一點一滴地回到身體，看看錶，哇，都三點半了，不趕緊出發的話，天黑前可能下不了山了。再次感謝了老先生和老太太，我告別他們繼續前進。

天氣和路況沒有半點改善，即使到山頂只剩六公里的距離，我還是花了一個多小時才抵達。終於征服標高四千三百八十六公尺的大雪山了，我的極限又往前推進

了一步。拍了照後，我趕緊把所有保暖擋風的衣物全部穿上，等等溫度可能會降到接近零度，下滑時會更冷。

我以為攻頂後就解脫了，之後就是快樂的下滑了嗎……錯！錯得離譜。才「滑」了幾公尺，我已經被爛路震得四肢骨骼都要散掉，更別說腳踏車了，我真的擔心這樣下去會整台解體。好幾次還因為積水太深看不清楚路，或者不小心輾過大石、陷落大坑而差點摔車。

只好又下來牽車了，沒想到比上坡更累，我不僅要隨時讓這部重達六十公斤的車保持平衡，手還得一直按著煞車避免速度太快失控，這時我的手已經冷到麻木，又因為一直用力而頻頻抽筋，才不到半小時，我又被操得幹聲連連。

這時我意識到，在天黑前我是不可能下得了山了。

現在我有兩個選擇，第一是搭便車下山，第二是隨便找個地方露營過一晚。我看看周圍的環境，感覺到處都有機會發生坍方或土石流，實在不適合久待。那攔車吧，我一邊牽車一邊不時往後望，走了快半小時，明明剛剛還有很多貨車經過，現在怎麼半台都沒有？

啊！是了，現在時間已經晚了，該通過這個路段的車早就趁天色還亮著時就走了，在這種路上開夜車簡直就是玩命。

天色慢慢變暗了，我也放棄了搭便車下山的念頭，剛好經過了一座新修的橋墩，和山壁有一段距離，就算有落石應該也砸不到我。

如果真的發生土石流，那也是命吧。

救了我一命的小帳篷。

QR code map

高原上
的
沙發衝浪

有經驗的單車旅行者，在選擇野營地點時都知道有三個準則必須遵守：

1. 躲起來。
2. 躲得離馬路遠遠的。
3. 最好躲得你隔天早上起床都不知道身在何方。

因為睡覺的時候根本沒有任何防備和警覺性，你絕對不會想要睡到一半的時候，放在帳篷外的腳踏車被歹徒幹走（這樣的事情常常發生），然後還把你叫起來洗劫一空。而且睡眠太重要了，這關係到隔天你有沒有精神繼續騎一整天的車，如果離馬路太近，保證你整夜提心吊膽不得安寧。

我仔細觀察這個建造中的橋墩，除了和山壁有段距離，不容易被落石擊中這個好處以外，簡直就是個最糟的野營地點——它完全暴露在光天化日之下啊！尤其耳聞這一帶山區的藏族盜賊橫行，如果才騎五天就被洗劫一空得打道回府，那多沒面子啊。

所以當我看到那台紅色大貨車緩緩出現在遠方時，我眼淚都快掉下來了，上天果然要我繼續走下去啊。待它慢慢駛近，確認了這是一台十噸等級的超大貨車，我心想，太好了，只要它願意停下來，裡面一定有我和腳踏車的棲身之處吧。於是我把車丟在路邊，站到馬路中間，盡可能擺出最愁苦的表情，使勁揮動我的雙手。

「嘿！嘿！」我喊著。
「嘰嘰嘰嘰……」車子發出刺耳的煞車聲，停了下來，從駕駛座冒出三顆頭盯著我看。
「大哥不好意思，天快黑了，我來不及下山了，能不能請你載我下去？」我哀求道。

駕駛看了我一眼，又看看我身後的腳踏車說：「哎呀你還有一台腳踏車啊，可是我後面全載滿了耶。」
他跳下車來，將後面的塑膠帆布稍微鬆綁掀開，「喏，你看。」

天啊，裡面黑壓壓的一片，真的全部都被貨物塞滿了，我想也是，他們跑一趟車這麼辛苦，當然要把空間塞到極限才值得。

「對不住啊哥兒們，你的東西真的太多了。」
「沒……沒關係，謝謝你啊……」我真的快哭出來了。

駕駛跳上車，關上車門，離合器發出尖銳的聲音，這個龐然大物又慢慢向前滑動，我只能站在原地呆呆地目送他們離開。我心想，不趕快準備紮營不行了，我根本還沒有野營的經驗啊，跟這帳篷一點也不熟，天色又暗得相當快，再不快點行動，等會一定手忙腳亂。

正當我轉身走向我的行李時，大貨車在一百公尺前又嘰～地一聲停了下來。車上的三個人陸續跳了下來。
那司機對著我這邊大喊：「來吧，試試看能不能把你的車硬塞進去，總不能把你丟

在這裡……」
我喜出望外，馬上把車推向前，一邊喊著：「謝謝！謝謝……」

司機對我搖搖手，可能是在對我說「沒什麼」的意思，他一邊把繩子鬆開，將帆布整個掀起來，然後縱身一跳，站上那堆貨物：

「來，把車抬上來給我。」他蹲好馬步，伸出雙手準備接車。
「咦？不用把包先卸下來嗎？這很重耶！」
他甩甩手：「哎呀，這算什麼，來來來……」他的表情像在說，老子搬貨搬了幾十年，這台小車算什麼。

其他兩人一個前一個後，幫我把重達六十公斤的車整個抬起來，司機一手接住，另一手使勁往內扯，整台車加上行李竟然就這樣被拉到那堆貨物上了。司機跳下車，把帆布重新綁緊，鐵閘門關上，確認好東西不會掉下來，對我說：「走！天快黑了！」

我把鞋子在地上稍微磨蹭一下，讓卡在鞋子上的泥土得以脫落，一跳上駕駛座，才發現其實裡面也髒得很。車內暖氣還開著，關上車門，眼鏡瞬間模糊，我趕緊拿下來將水氣拭去。車子緩緩出發，我一邊搓手取暖一邊跟司機道謝：

「大哥，真的謝謝你啊，你救了我一命。」
「沒事兒！你哪裡的？」
「我台灣來的。」
「哦！台灣同胞啊！」他看起來很開心：「就這樣吧，今天你就住我家，明天一早我載你去鄉城。」
「哇！真的嗎？太感謝了！」我喜出望外，又連忙謝了好幾聲。「大哥您怎麼稱呼？」
「來，這是我的名片。」他一手握著方向盤，另一手不知從哪拿了張名片給我。
「羅絨丁真，好特別的名字啊。」

「是啊，這是藏族的名字。」

環顧四周，駕駛座上上下下貼滿了藏傳佛教的活佛照片。後面相當寬敞，想必是讓輪班下來的人休息用的，這樣三個人輪流開車，一人只要開八小時，就可以二十四小時不停趕路，其他兩位司機半躺在後面，嗑著瓜子，瓜子殼撒得到處都是，他們似乎不會講普通話，直盯著我瞧。

這時天色已經全暗了，看著車燈掃過的地方，路面依然布滿坑洞和泥濘，坡度更陡了，這樣的路況是絕對沒辦法上車騎乘的。看著司機大哥一下子踩煞車，一下子換檔，一下子猛轉方向盤，忙得不亦樂乎，可見這路有多難走。

「這些都是活佛的照片嗎？」我試著搭話。
「是啊，這都是我們藏族人信仰的佛教的活佛，這位是……那位是……」他講了幾個我沒聽過的名字，我稍微瞄了一下，好像沒看到達賴喇嘛。
「這路……不好開啊。」
「可不是嗎。這段路危險得很，上個月才有一輛貨車掉到山谷下。」
「哇，那應該沒救了吧。你們都載些什麼東西啊？」
「什麼都載，這亞丁機場不是快開始運營了嗎，我這次就載了很多飲料過去。」
「大概多久跑一次啊？」
「一兩個禮拜吧……」

他說的亞丁機場這個月正式通航，是世界上海拔最高的民用機場，以往從成都到亞丁得搭兩天的車才到得了，現在一個多小時就到了，想必會為稻城亞丁風景區帶來不少人潮。大家可能會好奇，這個地方真的那麼漂亮嗎？美到值得為此蓋一座機場？

我第一次聽說這個地方是在三年前，那時我第一次到麗江玩，捨棄嘈雜的麗江古城，跑到不遠處但幽靜許多的束河古鎮，找了間台灣人開的客棧待了下來。有天天氣很好，客棧老闆指著北方和我說：「你有沒有看到那裡有三座白色的山，排列起

來像是個『品』字？」「有啊，好漂亮啊！」「那就是稻城亞丁三神山，是藏傳佛教的聖地，也是傳說中香格里拉的真正所在地。」

我後來上網查了一下，我的天啊，所有的照片都美得不像人間。這三座山叫作三怙主雪山，由藏傳佛教大師蓮花生為之開光，分別以觀音（仙乃日）、文殊（央邁勇）、金剛手（夏諾多吉）三位菩薩來命名，之後成了聖地，許多藏人一生的願望就是來此轉山。

我那時望著遠處三座雪白的山峰，下定決心有朝一日一定要去看看，一轉眼，我現在已經在路上了。路況越來越糟，我讓羅絨專心開車，順便閉目養神了一下，醒來的時候天已經全暗了，我們也重回水泥硬路。

「哇，路終於好了！」
「是啊，我們快到了，我家就住在……欸，你在看手機地圖啊？對，我們在這裡，來我指給你看……再放大一點……」

我得把手機上的地圖放得很大，才看得到我們正走的S217道路。羅絨看著我的手機不時又轉頭回去看路，很熱切地想跟我說他家在地圖上的哪裡，我連忙把手機拿到他眼前讓他看個清楚。

「這裡，就是這裡，我家就在這個然烏鄉……」
「哦，那快到啦！」

過了不久，車子「呀……」的一聲在路邊停了下來，我們先後下車。四周一片漆黑，只有遠處一座昏黃的路燈提供微微的光，讓我不至於跌到路邊的山溝裡。羅絨把我晾在一邊，先撥了個電話，然後自顧自地跑到車後，把帆布鬆開，和其他兩位忙著把一些東西卸下來。我心裡覺得奇怪，我們到了嗎？這附近根本啥都沒啊。

從遠處的黑暗中有兩人走近，這時羅絨剛好把一個龐然大物搬下車，看著好像是農

耕用的大型機具。他們熱情地交談了起來，其中有一人拿了一把鈔票塞給羅絨，羅絨也還沒點，就把其中一部分鈔票塞回給那人，一面嘰哩咕嚕地推辭，我猜意思應該是在說「不用那麼多，不用那麼多……」他最後還是把鈔票收了下來，那兩人也推著機器又隱沒在黑暗裡。

羅絨這時終於想起我，對我招招手：「來！往這兒走！」我只背了個隨身小包，把貴重物品帶在身上，連忙跟上去。他帶著我踏著木板跨過山溝，往路邊的草叢走去，我心裡一驚：這是要帶我去哪裡啊？忐忑地沿著依稀被踩過的小徑走了一陣，一幢偌大的建築物出現在眼前，外牆似乎是泥砌的，緊接著，一陣急促的狗叫聲劃破夜晚的寧靜。

「來！沒事的，進來吧！」

我踩著木製的階梯上到了二樓，屋裡只開著幾盞小燈，看不太清楚，他先帶我到一間很大的廳房，看起來正在施工，旁邊擺了兩三張床。

「今天你就睡這裡吧。」
「這裡在施工什麼啊？」我不住打量四周。
「這裡是佛堂啊，我們藏族人在家裡一定要有佛堂，越有錢的就蓋得越大，有重要的事情我們就會請喇嘛到家裡來念經祈福。」他停了一下，看起來很驕傲，「怎麼樣，不錯吧？」
「真的厲害，好大啊。」
「來，吃點東西。」

羅絨領我到看起來像是客廳的地方，剛剛在車上的其中一個司機坐在椅子上吃東西。我看著這裡的景象，驚訝得不禁張大嘴巴，不僅是桌椅，連牆壁和天花板都充滿了雕飾和彩繪，大都以紅色為基底，嵌上許多色彩鮮豔的浮雕，有龍、獅子、法螺等形象，真是名副其實的雕梁畫棟！
「漂亮吧？這是我們藏族的裝飾。來，多拍一點照。」

我本來心想隨便拍照會不會不大禮貌，既然主人都這麼說了，就把手機拿出來拍個過癮，只是光線實在太弱，沒辦法拍得太清楚。這時候一位大姐端了碗東西過來，看起來像是麵疙瘩，嘗了一口，雖然沒什麼調味，但我還是唏哩呼嚕一下就吃完，然後又要了一碗。

吃完後，羅絨不知道跑哪裡去了，我在屋裡晃來晃去，在一個小角落發現了廁所，然後在另一個角落發現了水龍頭，刷牙漱洗之後，忽然感到疲倦感襲來，就躺在剛剛的床上，隨便拿件外套蓋著，一下子就沉沉睡去。

隔天早上醒來，羅絨已經忙進忙出準備要出發了，他招呼我去吃早餐，結果還是昨晚的麵疙瘩，有得吃就好，還是一下就吃個碗底朝天。出了房子，雨已經停了，但雲層還是很厚。雖然天還沒全亮，但已經可以看清楚四周的環境，原來這是一個藏族的聚落，散布著些許類似的碉房，馬路對面還有間賣雜貨的小店，只是還沒開門。

我們繼續上路。沿路的風光真是讓我感覺恍如隔世，更精確的說像是進入了世外桃源。我們行駛在山坳的道路上，路上不時有牛羊漫步著，路的兩側遍布了翠綠色的梯田，再遠則是雲霧繚繞的山丘，而一幢幢雄偉的白色藏式碉房散落其間，交織成了白綠相間的奇特美景，我不禁想像著，如果天再藍一點的話，那會是什麼樣的景色。

這時有三個小孩在路邊向我們招手，他們看起來是在去上學的路上，羅絨把車停下，讓他們全部上車，兩個到後面去，一個和我坐副駕駛座。又開了一會兒，陸續又載了兩位老人家，只是後座已經滿了，他們就和我一起擠著，之後想要搭便車的就再也裝不下了。這些搭便車的鄉民後來又陸續的在接下來的村莊下車。

看看地圖，已經快要接近我昨天的目的地——鄉城了，但是從鄉城到稻城，這個傳說中真正的香格里拉，還得再翻過最後一個大魔王，標高四千七百公尺的無名雪山。

早上共乘的老人與小孩。

「所以你等一下就直接開到稻城嗎？」

「是啊，這也得開上一整天呢。」

「那……你會建議我在鄉城多待一天，四處逛逛嗎？」其實我內心深處是想坐他的車直達稻城，昨天的折磨真的嚇到我了。

「當然啊！鄉城很美的！尤其這裡最近在修一間喇嘛廟，最近好像修好了，我之前還常常來幫忙，你可以去看看。」

「這樣啊……好吧。那間廟叫什麼名字啊？」

「欸……我也忘記了，你去問問，每個人一定都知道，很大間的！」

既然他都這樣說了，我也就不好意思開口搭便車啦。話說回來，到底在四千七百公尺的高山上騎車是什麼感覺呢？我昨天已經通過四千三的考驗了，我的極限會在哪呢？想到這裡，精神一振，要成為海賊王的那種雄心壯志又回來了。但有件事情我一定要確認一下。

「那請教一下，從鄉城到稻城的這一段路，路況怎麼樣？會不會像昨天那樣爛啊？」

「不不不，這段路好得很，你放心吧！」聽了他的話，我才安心許多。

羅絨在進鄉城前的一個大卡車整備廠停了下來，幫我把車和裝備全部卸下，我這才有機會檢視一下我的愛車。天啊……整台車沒有一個地方是乾淨的，輪胎、齒盤、變速器全都沾滿了泥巴，我低頭一看，不禁啞然失笑，我昨天竟然穿著拖鞋騎了一整天，到底我的腦袋裝了什麼啊。

和羅絨在他的車前面拍了張照，我再次向他道謝，他也提醒我回台灣別忘了給他寄個東西，於是我們珍重道別。我騎著車慢慢進入鄉城市區，沒想到迎面而來的就是一個超過10%的大坡，我剛想要用力踩下踏板，才發覺我兩腳既痠痛又無力，只好乖乖把變速器調到最輕檔，慢慢前進。

QR code map

我與羅絨。

我心中
的
香格里拉

我找了間旅店投宿，徒步出門瞎晃，整個鄉城都逛遍了，卻沒看到羅絨說的喇嘛廟。我忽然想到，早上坐車下山時經過一個叫作青德的地方，那裡有許多藏族的村子，成片白色的藏寨和碧綠的田園依山傍水的景象實在美極了，不如我就輕鬆回騎一下這段，稍微補足搭車跳過的里程。

本來天氣還陰陰的，現在天空整個打開了，蔚藍的天空點綴上朵朵白雲，加上連綿不絕的青山矗立在兩側，真是令人心曠神怡！我精神一振，越騎越快，一下子就把昨天受的苦難全部拋在身後。藏族的碉房沿著河岸形成一個個小聚落，它們的形狀從遠處看起來真的像是碉堡一樣，方方正正有稜有角的，然後潔白的牆面滿滿羅列著紅黑相間的窗戶，相當壯觀。每個聚落都會有個佛塔，佛塔四周設置了許多轉經筒，常常可以看到藏族居民不斷繞著佛塔行走，一邊用手轉動轉經筒，口中念著經文，這就是日常的修行功課了。

早上坐車經過時瞄到一個景點的指示牌，還來不及看清楚車子就開過了，我一路騎啊騎，大概騎了十二公里終於看到這個牌子，上面寫了「青德田園藏寨　觀景攝影點」，回頭一看，果然令人驚嘆。山下的白色藏寨和綠色的山峰田園，被一

每個藏族聚落都有佛塔和轉經筒。圖中的這個是較大的佛塔群。

條S型的河流從中劃過，我在這裡果然消耗了許多相機的記憶體，只是拍出來的照片怎樣都無法表現出眼前美景的十分之一。

玩夠了，該早點回去休息了，明天還有一座大山要爬呢。回到鄉城，隨便吃了點東西，買了些麵包、水果、飲料充當明天路上的糧食，回到旅店後早早睡了。

隔天早上七點就醒來，稍微賴了一下床，然後躺在床上伸展了一下大腿的四頭肌，感覺還不錯，昨天痠痛的感覺已經輕微許多。把散落一地的行李整理好，打包上車，到巷口的麵店吃了碗麵當作早餐，再到路邊的攤子買了籠小籠包，等到真正要出發時，也已經快九點了。

我拉著筋，心裡暗叫不妙：今天可是得從現在的海拔兩千七百公尺，一路爬升到四千七百公尺啊。但昨天看了一下地形，從這裡到山頂大概六十五公里的路程，幾乎是一路向上，少有起伏，所以平均坡度算起來大概只有3%，這對（自以為）擁有大力金剛腿的我來說，根本不算什麼啊，簡單做個心算，就算以平均時速七公里的龜速前進，大概晚上七點就能攻頂，那時候天還亮著呢，怕什麼啊！（後

來證明我又太樂觀了……）

今天的天氣比昨天又更好了，而且路況真的跟羅絨說的一樣，好得令我幾乎喜極而泣——我終於不用在泥巴中掙扎，可以好好騎車啦！而且來往的車輛很少，四周的景色又美，所有騎車出遊的完美條件都具備了。我心情大好，邊騎邊放聲高歌了起來：「高山青～澗水藍～阿里山的姑娘美如水呀阿里山的少年壯如山啊～」「我呼吸我感覺我存在～我歡喜我悲哀我有情有愛～」我從〈高山青〉唱到張雨生的〈我呼吸我感覺我存在〉，覺得能四肢健全活著好好騎車，真的是一件很幸福的事情。

騎著騎著，也騎了一個多小時，都快三十公里了，怎麼高度還是沒啥變化，到底什麼時候才會開始爬坡啊？等等！這樣看來，從這裡到山頂只剩大概三十五公里，我還有兩千公尺的坡要爬！？掐指一算，阿娘喂，平均坡度竟然接近6％！大腦才剛接收到這個新資訊，我的大腿肌肉便抖了一下，彷彿在跟我說，老大，別鬧了，這是真的嗎？

我也沒心情唱歌了，開始認真趕路，如果天黑前無法攻頂，卡在四千七百公尺的高山上動彈不得，那可不是鬧著玩的。過了一會，終於開始爬坡了，坡度果然一下子從不到2％變成5％左右，我努力地踩呀踩，雖然大腿肌肉的疲勞還沒完全消除，但它們還是忠實地回應我的要求。這時候慢慢接近中午了，太陽開始大了起來，我瞄了一下氣溫——嚇！竟然超過三十度了，昨天在山上不是才五度左右嗎？我騎得汗如雨下，體力消耗的速度越來越快。

又騎了一個小時，看看時間，十二點半了，太陽高高掛在半空中，早上本來還把天空遮掉一大半的雲，像是被融化似的，竟然全都沒了，陽光就這樣肆無忌憚地灑在我身上。我實在被烤得受不了了，看到前方轉彎的地方地勢好像比較平，路旁還有一塊空地，遠遠看過去好像有幾個人也在那休息，不如就在那邊休息吃午餐吧。

騎近了一點才看清楚，原來是四個藏族的年輕人，三男一女，女孩牽著兩匹駿馬的韁繩，讓牠們吃草，其他三個男的或坐或臥，看起來相當悠哉。我把車停在不遠處，和他們打個招呼，然後把昨晚買的大餅拿出來啃。我深深被那兩匹既優雅又強壯的馬所吸引，不自覺的慢慢走過去。

「你們從哪裡來的啊？」我試著搭話，眼光還是不停飄向馬的方向。
「從上一個村子走過來的。」看起來最年長的大叔回答我。
「會很遠嗎？你們走了多久？」
「不算太遠吧，我們一大早天還沒亮就出發啦。」
「這麼早！是要去鄉城嗎？還有三十幾公里路呢。」
「是啊，把這些畜生趕過去賣掉。」另一個比較年輕的男孩指指旁邊一個黃色的尼龍袋，「喏，你看看。」

我往裡一看，裡面裝著好多可愛的黑色小豬仔啊！

藏香豬睡得東倒西歪。

「這些是才剛生出不久的，還走不好，那邊還有更多呢。」男孩指指山壁旁的山溝。

我走過去一看，哇！山溝裡躺了十來隻大大小小的黑色藏香豬，可能天氣太熱了，牠們只能躲在山溝裡小小的陰影下休息。看牠們睡得東倒西歪的樣子，一隻疊在另一隻上面，有好幾隻就互相挨著，一動也不動，可能走了一早上的山路，累了。

藏族大叔站了起來，伸了個大懶腰，和男孩一人一隻手把黃尼龍袋提了起來，另一個男孩走向那些還在休息的豬，「噓，噓！起來，出發了！」而女孩依舊是牽著那兩匹馬，他們一起往我過來的方向走。

「再見！」他們向我道別，從頭到尾沒有問我是哪裡來的。

跨上我的愛車，我也得繼續出發了。從這裡開始就是似乎永無止境，平均大概6%的上坡了，我只能以時速六公里的龜速緩慢前進，大概保持著十五分鐘停下來喝水喘口氣，一小時休息個五分鐘，下車舒展拉筋補充熱量的節奏，盡力趕路。隨著海拔慢慢的增加，先是可以很明顯的注意到植被的變化，闊葉林慢慢被針葉林所取代，之後連比較高的樹都慢慢變少了，只剩下矮的蕨類植物可以生存。

我看看車錶，海拔已經超過四千公尺了，正當我停下來喝水時，一台SUV從我前方開過來，減速停了下來。看起來有點年紀，留著鬍子的司機大叔探出頭來：

「小伙兒，從哪裡騎過來的啊？」
「從麗江！」我看著車上貼著一個熟悉的logo，「你們是國家地理頻道的啊？」
「是啊，你真厲害耶！騎了多久了啊？」
「大概一個禮拜吧，中間有休息幾天。」

這時有一位大姐和一位大哥從車上下來，大哥把手機拿出來：「讓我拍個照，你

實在太牛逼了！」大姐則是打開後車廂，拿了瓶水給我：「來，這水給你，夠不夠？」

剛好我的水只剩下半瓶不到了，這簡直是天上掉下來的及時雨啊！我馬上不客氣的說：「請問可以再多給我一瓶嗎？我水好像帶得不太夠⋯⋯」

「這也給你吧！」大姐又拿了一瓶提神的運動飲料給我，然後又拿了幾顆蘋果出來：「這些都給你，加油！」

我連忙全部收下，嘴裡不停道謝。

「加油啊，山頂就快到啦！」

他們一行人上了車，油門一踩，絕塵而去。嗚，我還以為他們會把攝影機拿出來採訪我耶，算了，繼續趕路比較重要。隨著高度的繼續增加，我停下來休息的頻率也越來越高，之前大概可以撐個十五分鐘，現在幾乎每十分鐘就得停下來大口喘氣。

眼看著太陽已經快要斜到山後面了，我離山頂大概還有十公里左右的路要走，心裡雖然急，但速度一點也快不起來，隨便一加速，心臟就會跳得好像要從嘴巴掉出來。當高度超過四千三百公尺之後，我的頭開始痛了起來，慘了，高山症的症狀還是發生了，這是缺氧的徵兆，逼得我大概每前進五百公尺就得停下來大口深呼吸，補充氧氣。

更糟的是，今天雖然天氣大好，適合騎車，但是因為高山空氣稀薄，山上的陽光烈到不行，曬得我頭昏眼花，水分流失極快。我一直處於口乾舌燥的脫水狀態，雖然我已經很省著喝水了，每次都把水含在口中好一陣子才捨得吞下，但我剛剛獲得的那兩瓶水，還是被我喝完了。

雖然離山頂也只剩不到一個小時的路程，應該還死不了，但脫水的感覺真的很難受，不但運動效能急轉直下，還有中熱衰竭的危險。我想，還是不要拿命開玩笑好了，等等有車經過的話，攔下來要個水吧。於是我一邊緩慢前進，一邊物色經過的車輛。

先是來了一台白色的小轎車，他開得很快，當我還在考慮的時候，車已經開過去了。我繼續奮力騎啊騎，遠遠的又看到一台SUV疾駛而來，看車子後面揚起的沙塵，應該不會為了我緊急煞車停下來吧，沒辦法，繼續前進吧。我又繼續騎了一段，需要水的感覺真的達到臨界點了，我的身體告訴我，不管怎樣，下一台車你一定得攔下來，要不然你麻煩就大了。

於是，當遠處又出現了一台大貨車時，我豁出去了，大老遠的就把車停下來，不停地揮著我的雙手，只差沒有放聲大喊：「救命啊！救命啊！」

結果那台大貨車真的放慢速度，「嘰……」的一聲停了下來，然後從駕駛座伸出了一個頭，一切都是這麼的似曾相識……

「你怎麼這麼慢啊，還在這裡！？」

結果司機竟然就是羅絨！怎麼會這麼巧？我開心極了：

「拜託，騎腳踏車很累耶！又不像你開車！你送貨回來了啊？」
「是啊，那你有沒有看到喇嘛廟？」
「沒有，我找不到！」
「哎呀，找不到可以問人嘛，真的很好看的很大一間……」看來他真的對那間廟相當驕傲。
「哈哈不好意思，我昨天累了嘛……」
「好吧，那我先走了啊，也快天黑了，記得回台灣給我寄東西啊……」他邊說著，把煞車一放，車子開始慢慢前進。

四千七百公尺高的晚霞。

「欸等等！你有沒有水啊？我水喝完了！」

他又把車停了下來，從後座拿了瓶水丟給我：「加油，轉個彎就到山頂啦！」

我看著那台救了我一命的紅色大卡車緩緩離去，覺得真神奇，是什麼樣的緣分啊，怎麼就讓同一個人救了我兩次，或許上輩子我也救過他吧，他這輩子是來報恩的？趁著回台灣辦簽證，我找了一個台灣形狀的木製鑰匙圈，上面還附有一元硬幣的那種，花了價值超過物品本身的郵資，寄到他給我的名片上的，一個不知道能不能寄得到的奇特地址。

或許我再也沒機會見到他了吧？如果真有一天我們能再相見，我會跟他說我終於找到香格里拉了，但我心目中真正的香格里拉，不是中甸，也不是稻城亞丁，而是在那個老先生的帳篷裡，在你的超級大貨車裡，在你家那個充滿紅紅綠綠的雕飾的大房間，角落的那張木板床上。

QR code map

終於抵達稻城亞丁。

入蜀難

出來跑，遲早要還的……啊不是，是遲早要摔車和爆胎的，只是沒想到會這麼快，而且會發生在同一天。

這幾天住在稻城的亞丁人社區青年旅舍，旅舍老闆聽說我是翻過無名雪山過來的，一邊搖頭，一邊嘴裡嘟囔：「真是太瘋狂了……」後來又聽說我要繼續騎往理塘，苦口婆心地勸我：「小兄弟，你還是攔個車過去吧，這條路比你過來的那條還爛啊……」我聽了差點沒昏倒，他接著說：「而且那附近常常有土匪出沒，連結伴同行的旅客都得嚴加戒備了，你一個人騎著單車……」

看他欲言又止的表情，我的心都涼了一半了。當初在計畫這段路線的時候，就已經從網路上看到不少車友留下的訊息，千萬得注意橫行的盜賊，當初就很擔心，現在老闆的話又證實了這點。不如這段路就搭車跳過吧？畢竟留得小命在，不怕沒路騎……但我又想，如果才剛開始不久就一直遇到困難便跳過，那成了習慣還得了？我往後的人生也要這樣嗎？休息了幾天，血差不多補滿了，看到窗外天氣還不錯，一掃前幾天的陰霾，那種剛出發時的雄心壯志又回來了，收拾行李跳上車，前進就對了，管他前面有什麼困難，遇到再說吧！

我的下個目的地是中國最高的縣城：理塘縣——總里程大約一百五十公里，中途還要翻過另一座海拔四千七百公尺的兔兒山。一天之內一定到不了，我的計畫是翻過山之後，下滑到最近的一間村子投宿。算一算已經在海拔三千公尺以上的環境生活了一個多禮拜，身體已經慢慢適應了稀薄的空氣，騎起車來不再像前幾天這麼吃力，加上天氣大好，我開心極了，一邊騎一邊哼著歌。

聽了在旅舍認識的小伙伴說，這段路上有兩個看點，一個是紅草地，一個叫海子山。紅草地聽起來就是像字面上講的那樣，一片紅色的草地，但一年裡面似乎只有十幾天可以看得到，剛好這幾天就有。我出發後騎不到一個小時就看到了，本來沒啥期待的，實際看到了才知道壯觀。

從路邊望過去，在一大片一望無際的綠色草原中，有一片面積比足球場還大的區域，像是老天不小心把油漆桶打翻似的，整片都被染紅了。在紅草地的邊緣，種植著幾十棵樹，有些樹已經整棵都變黃了。在更遠的翠綠山坡上，用石頭排了大大的藏族六字真言，莊嚴神聖，更遠處則是高達五六千公尺的山，山尖終年被白雪覆蓋著，當然，畫面的其他部分就被藍天白雲給佔滿了。紅、黃、綠、藍、白，這裡像是老天用來測試顏色的畫板，將最濃郁的顏色直接用上了，一點都不攙水。

看著眼前像是Windows XP桌布般的景色，心情更好了，我輕快地踏著踏板繼續前進，隨著身體慢慢熱開來，我的心跳一直維持在有氧區間，我用嘴巴大口且規律地呼吸高山上純淨的空氣，腦內啡加速分泌，讓我更加亢奮，這種快感一旦嘗過，一定會上癮的。一個多小時不知不覺就過去了，我到了柏油路的終點，從這裡開始要走土路爬坡了，沒辦法，硬著頭皮上吧。一騎上去，發現比前幾天實在好走太多，可能因為雨已經停了好一陣子，太陽一曬，大卡車一壓，本來軟爛的泥路硬實了許多，那些震死人不償命的石頭也大都埋在土裡，我的輪胎終於可以在地表上好好地轉動啦！

我的大腦一聲令下，得到足夠熱身的大腿肌肉馬上隆起，整台超過六十公斤的車開始以緩慢但是穩定的速度往上爬，看看高度計，已經超過三千七百公尺了，還有

一千公尺得爬，沒關係，依照今天的天氣、路況和身體狀況，應該沒什麼問題，通過前幾天的考驗，有一種打敗魔王升級的感覺，四千七百公尺的山？已經是手下敗將啦，再來多少都沒用，沒啥好怕的。

話是這麼說，但實際騎起來還是挺累的，我大粒汗小粒汗直直落，喘得要死，空氣還是相當稀薄，常常得停下來緩口氣。花了五個多小時，終於到了海拔四千五百公尺的海子山。同樣顧名思義，這是一座有一大堆「海子」的山，所謂的海子其實是大大小小像是湖泊的水潭，在這個區域竟然有上千個之多。這和台灣的嘉明湖一樣，是冰河時期由於侵蝕作用留下來的遺跡，但此處的規模之大，相當少見。一眼望去，整個高原布滿了大大小小的石頭，除了一點草之外，一棵樹都沒有，相當荒涼。而「海子」們就散布其中，有的比較小，像是雨後的水窪，有的竟然大到看不到邊。

我拍了一些照之後，就準備最後的攻頂啦。最後一段路雖然有點曲折，但是平均坡度不高，慢慢騎，花了兩個小時就順利抵達山頂了。和無名雪山一樣，這裡也有許多五顏六色的藏文經幡隨風飄逸，依稀看到在經幡後面有個倒下來的路牌，上面寫著「兔兒山　海拔4696米」。YES！任務完成！拍照之後，就要準備下滑了。我從山頂往下看，整條路幾乎都是土黃色的，依然有不少大卡車穿梭其中。

下滑的過程也比之前順利多了，雖然到處都是被大卡車壓出來的輪胎軌跡，但幸好都還能走，一開始我怕車陷進泥巴裡，速度放得很慢，遇到石頭路面也都小心通過，但後來慢慢習慣，速度就越來越快了。我就這樣一下子順著輪胎軌跡滑行，一下子通過看起來不深的水窪，一下子輾過遍布碎石的路面，想像自己是off-road下坡車的選手，順著地心引力的引導，不管怎樣都不按煞車，放心騎就對了。

正當我享受下滑的速度以及東閃西閃的快感時，前輪忽然陷進一個軟爛泥坑裡，我反射性地按下煞車，前輪鎖死，後輪一滑，後側重達三十公斤的行李直接往側邊一倒，下一秒，我已經躺在地上了。
我先站了起來，看看有沒有受傷，幸好是跌在鬆軟的土路上，竟然連一點擦傷也沒

海子山。

到處都在挖路。

有。拍拍灰塵，把車牽起來移到路邊，再把散落的行李和碼錶再重新整備上車，背起吉他，深呼一口氣，整理一下心情，等等還是騎慢一點好了。結果三分鐘過後，我又故態復萌，把剛剛發生的事情全拋在腦後。

太好了，以這樣的速度，我應該馬上就可以到達投宿的驛站了。我越騎越快，眼看前面有兩台大卡車，看起來前進速度不是太快，這種路況就是腳踏車逞威風的機會啦，超個車好了！好久沒拿出我當年在新竹光復路上穿梭於車陣中的本領了。哇哈哈哈！這速度感實在太爽啦！果然不要自己嚇自己，這條路沒有他們講的這麼爛嘛！軟軟的路面拿來飆車剛好，就算摔車也不痛，衝啊！

就當我越來越靠近前面那台卡車時，忽然聽見「碰！」的一聲。那聲音大到像是槍響，我被嚇得大叫了一聲，幾乎是同一時刻，我的眼前揚起一陣煙霧，難道真有人對我開槍？下一刻我馬上感覺到前輪的輪框不斷撞擊到地面，我趕緊把車停下來，伸手按了一下前輪，原來我爆胎了。

我把車慢慢牽到路邊，一邊想著：好險吶，如果我是在大卡車正前方爆胎，那下場會是怎樣啊？那種十幾噸的大卡車不是說停就能停得下來的啊……我不禁打了個哆嗦，感覺冥冥中似乎有股力量在保護我，一天發生兩次意外，菩薩一定是要我騎慢一點。

我把行李全部拿下，再把前輪拆下來，然後試著把外胎徒手卸下，但是我使了吃奶力氣，手指磨到都快脫皮了，外胎還是牢牢地固定在輪圈上。這時候我才意識到一件事情，我在出發前，好像從來沒有練習過換胎和補胎耶，結果第一次上場就是在海拔四千多公尺、盜賊橫行的荒山上，這是在演哪一齣啊？

翻了一下工具包，咦，我有帶挖胎棒嘛！剛剛怎麼不拿出來用？靠著挖胎棒，我用超級生疏，也不知道是否正確的手法，好不容易硬是把外胎拆下，檢查了一下內胎狀況，糟了，破了個超大的洞，應該是補不起來了（我也根本不會補胎），先用備用的內胎吧。換內胎的程序我倒還是略知一二，首先要打點氣到內胎裡，讓它從扁

平的狀態鼓起，以免裝上外胎時被輪圈夾到，不然騎沒多久又會再破。

嗯，好了，接下來把充氣嘴鎖緊，以免空氣外洩，然後把內胎的氣嘴塞進輪框對應的洞裡，再把內胎其他部分順勢安裝在輪框上……咦？等等，我的氣嘴怎麼才露出一點點而已？這樣根本無法繼續充氣啊！怎麼會這樣？趕緊把破掉的內胎拿來一比對，我腦中轟的一聲，不敢相信我的眼睛——我竟然買錯內胎了！因為我的輪框是加高型的，必須使用加長型的氣嘴，而我買的備胎全部都是普通規格的！我把瑞士刀拿了出來，用裡面的箝子，使勁地把氣嘴往外拔，結果力道過猛，把整個氣嘴給拔下來了。我幾近崩潰，抱著後腦杓仰天長嘯，靠杯啊！我怎麼能蠢到這種程度，這麼嫩還想學人家環遊世界！這意味著我的旅程就在這裡要終止了嗎？我不要啊啊啊啊啊！

看看錶，七點多了，太陽已經下山，天很快就要暗下來了，氣溫也降到逼近零度，我趕緊把禦寒衣物全部拿出來穿上。先冷靜下來想想目前可能的選項好了，首先得先解決住的問題，這裡前不著村後不著店，附近也完全沒有適合野營的地方，勢必得攔車了。之後呢？我的輪胎的規格比較特別，一般車店一定是買不到的，看來得先想辦法到大城市再說了。

很幸運的又攔到了一台大卡車，答應帶我到理塘去，一路上司機一直要用他的爛手機換我的iPhone，但我打哈哈混過去後，他也沒再對我有什麼奇怪的要求。我坐在車裡，相當沮喪，出發到現在也才短短一兩個禮拜，我已經搭了兩次便車了，我不斷問自己，我真的準備好了嗎？我真的有能力繼續騎下去嗎？

到了理塘，天已經全黑了，他把我的車和行李全部丟下車，人就不見了，我一個人站在黑暗的停車場中，不知道如何是好。果然是全中國最高的縣城啊，入夜之後氣溫驟降，冷死我了，我邊發抖邊打量四周的環境，這裡相當荒涼，附近建築物不多，可能離市區還有段路。我看到不遠處有個建築物亮著燈，於是把貴重東西拿了，過去看看能否找到住的地方，沒想到運氣不錯，是間旅舍。
這間旅舍叫作漫步雲端青年客棧，一樓就只擺著一張桌子，其他的空間停滿了腳踏

車，牆上幾乎寫滿了簽名和日期，廣東來的昊哥在2008年挑戰川藏線，湖南來的阿凱2010年騎到這裡，太累啦好想回家等等……我頓時有種說不出的親切感，這裡住的都是同道中人啊。對啦，這裡是著名的318國道上的一個重要據點，每年的這個時候，都會有成千上萬個熱血青年，挑戰這個可以說是全世界最難的自行車路線，前往西藏，而根據統計，成功騎完全程的人只佔不到一成。

如果你是從成都出發，到了理塘，大約已經走了六百公里，翻過四座四千公尺以上的高山了，而這才是全程的三分之一不到而已。通常騎到這裡的人，會休息一天，讓疲累不堪的身體稍作喘息，做好整備和補給之後，再繼續往前。但更多人則是打包回家──實在是他媽的累人啊！聽說每到這個季節，這裡的郵局生意就特別好，不想繼續騎的人，會在這裡把車和行李寄回去。

我先回去停車場把車和行李全搬進旅舍，要了個二十五塊的床位，連澡都沒洗就沉沉睡去。隔天一早，拿客棧的水壺，用木炭加熱後，泡了咖啡，吃了個簡單的早餐，一邊思索著接下來應該怎麼辦才好。我把所有的備用內胎拿出來檢視一番，果然沒有一條能用的，只好把破的那條拿來補補看，死馬當活馬醫吧。用不曉得是否正確的方法補了內胎，也檢查一下外胎好了，結果看到外胎側面隆起了一大塊，以我有限的知識，判斷這條外胎應該是無法承受太大的壓力了，而我又沒有帶備用的外胎，於是這一刻，我正式宣告自己沒辦法再繼續騎下去，直到我能買到新的內外胎。

其實認清了這個事實之後，我的心情倒是輕鬆了起來，這代表我不用獨自騎過這個盜賊橫行的地帶了，哈哈哈，可不是我偷懶喔，是真的沒辦法嘛。最近的大城市就是成都了，那裡騎車的風氣也很盛行，應該可以找得到我需要的零件。那麼要住哪裡好呢？上網查一下哪裡有不錯的青年旅舍吧！找著找著，忽然想到：小傑不是在成都嗎？

小傑是我前幾年在深圳工作時認識的一個朋友，雖然他年紀小我很多，但我們就是挺投緣的，沒事就會約出來吃吃喝喝，讓我在深圳的派駐生活多了一番樂趣。後來

他搬回成都，我們就比較沒聯絡了。我傳了訊息給他，問他方不方便去他家借住幾
晚，他很爽快說沒問題。

於是我就這麼入蜀了，是坐車進去的。

QR code map

輪胎整組壞光光。

進京路

中國對我（以及我們六七年級這一代）來說，是個太奇特的存在。小時候我們用的筆記本，上面印著「做個活活潑潑的好學生，當個堂堂正正中國人」。地理課本寫著那個大大的秋海棠葉本來就是我們的領土，以後要反攻大陸拿回來的，甚至還把早就獨立建國的蒙古國包含進來，每個地方的地形、氣候、作物等等大不相同，背得我苦不堪言。那歷史呢？當然是從四千六百年前的黃帝開始啦，我們「中國人」的歷史源遠流長，是人類四大文明古國之一，光那個長長的朝代表，我就從來沒有弄清楚過。在那個荒謬的年代，這兩科一直是我的罩門，除了有一段特別的歷史，格外吸引我們小男生，那就是三國時期。

這段歷史在課本裡面雖然只是小小的一段，但是卻佔據我中學生涯的一大部分。羅貫中的《三國演義》誰沒看過啊？電視台一天到晚推出以三國為背景的電視劇，那時候任天堂最紅的戰略遊戲就是《三國志》，我可以從三國裡選擇一國（我都選蜀國），不斷攻城掠地擴張領土，最終達到統一中國的目標（正好呼應高中的課本要我們用三民主義統一中國）。放學之後當然不直接回家，先去遊樂場玩幾盤《吞食天地》啊！這是款超紅的動作遊戲，我可以從蜀國的五虎將裡選擇一位（我都選趙雲），單槍匹馬殺進魏國大軍，直取敵方將領首級如探囊取物，超帥的啊！

有關三國時期的故事、人物、地名，關羽過五關斬六將、劉備三顧茅廬、孔明草船借箭、關羽大意失荊州……我都背得滾瓜爛熟。所以當我踏上「成都」這個蜀國的首都時，心裡其實是滿激動的。

成都位於四川盆地西邊的成都平原，物產豐饒，記得玩三國志的時候只要拿下成都，那打仗所需的糧餉就不用煩惱啦，所以自古就有天府之國的美名。現在更是中國最重要的旅遊城市之一，附近有很多景點都已經列為世界遺產，像是有兩千多年歷史、到現在還在使用的都江堰和團團圓圓的故鄉：大熊貓棲息地等，但我現在其實一點興趣都沒有。

「我要吃肉！！！帶我去吃肉！！！」
「好好好，你是餓了多久啊……？」小傑笑得眼睛瞇成了一條線。

把行李和腳踏車放到他住的地方以後，小傑帶我去一家火鍋店，點了滿滿的一桌菜。四川麻辣火鍋的火鍋料和台灣其實大同小異，只是湯就大大不同了，乍看可能會嚇一跳，這不就是一鍋辣油嗎？沒錯，四川的麻辣火鍋湯是喝不得的，把火鍋料放到鍋裡燙熟後，夾起來時會沾上一層又香又辣的油。而蘸醬的調製法也和台灣不一樣，小傑教我加一些香油和大量的醋來解辣，再拌些蒜末。這樣吃了一頓，肯定隔天早上起床就可以感覺肚子不斷翻滾，小菊花熱辣辣的。

晚上我就在小傑家裡打地鋪，白天他得去上班，我就趁機把成都周邊逛了一番。都江堰、大熊貓基地這兩個五星級景點當然沒放過。大熊貓基地滿值得一看的，在台灣要抽籤排隊才能看到兩隻，而且還限時間，這裡開放參觀的就有十幾隻，可以看到飽。不得不說，大熊貓圓滾滾的身軀和大大的黑眼圈，實在可愛極了，而且跟傳說中的一樣，牠們整天不是吃就是睡。你可以看到有的熊貓四周充滿了竹子，牠的動作就是不斷地從旁邊抓了一根就往嘴裡送，有的看起來吃飽了，就直接趴在竹子堆上一動也不動，大概是睡著了。有一隻可能被遊客的聲音驚醒，四處張望三秒後，又繼續吃！這是多麼令人羨慕的生活啊。唯一要排隊的就是觀看剛出生不久的熊貓，看牠們一堆躺在保溫箱裡面，像是麻糬一樣，真的有夠可愛。

就這樣，我白天出門玩耍，晚上小傑下班後就帶我出去吃吃喝喝，很快的就過了一個禮拜，我從網路上買的內胎終於寄到，我也吃得大概胖了三公斤。已經一個多禮拜沒騎車，再不出發可能整個體能都要重練了。告別了超有義氣的小傑，我從成都往北出發，目標西安，也就是以前唐代的長安城，絲路的起點。

啊，長安城啊，這個中國的十三朝古都，經歷了強大的西漢和唐朝，在最鼎盛的時候，還曾經是全世界最大的國際性城市，從中亞甚至歐洲過來的商人絡繹不絕，各地的記者或詩人爭相傳誦，我隨便查了一下，就有三千多首唐詩裡面有提到長安，連我這個假文青隨便都能吟上個幾句：「總為浮雲能蔽日，長安不見使人愁。」好詩，好詩。

不過，從四川這個超級大盆地要進京，可不是容易的事情啊。這條路就是有名的蜀道，李白說：「蜀道之難，難於上青天。」他還形容這裡：「黃鶴之飛尚不得，猿猱欲度愁攀援。」連鳥和猴子都過不了，就知道這裡的地勢有多險峻。從成都出發往東北走，依序會先經過李白的故鄉綿陽市，再到武則天的故鄉廣元市，接著到達漢中市，這裡也是一個歷史古城，它北邊緊鄰著秦嶺，翻過去就是長安城所在的關中地區了，可以說是蜀地最北邊的門戶，當時諸葛亮就把這裡當作北伐魏國的基地，所以留下了許多古蹟。

往西安的路上故事雖多，但我想專程去參觀的只有一個人的墓，那個人叫作張騫。張騫通西域的故事大概沒有人不知道吧？他算是中國第一個有名的探險家，兩千多年前，漢武帝先後兩次派他去找西邊的遊牧民族大月氏和烏孫，想要說服他們一起揍北邊的匈奴，結果沒成功，還被匈奴抓起來關了十幾年。雖然外交的任務失敗了，卻因此打通了連接中國和中亞的絲路，從此之後，兩邊的商人、傳教士，當然還有很多背包客，就這樣跑來跑去絡繹不絕。兩千多年後，我也準備踏上這條路一路向西走，前往歐洲，當然要先去和開路先鋒拜個碼頭，希望他保佑我一路平安啊。

從成都出發，騎上108國道，沒想到迎接我的是鋪上柏油又平坦的六線道馬路，路

麻糬般的小熊貓。

旁還種著小花，接近市區的時候，竟然還有嶄新的腳踏車道……說好的難於上青天的蜀道呢！？算了，我已經好久沒有騎在這麼好的路面上了，就好好享受一下吧！經過了幾個禮拜的山路訓練，回到低海拔的平地，騎起車來簡直跟飛的一樣。騎著這麼重的車，時速竟然還能維持在二十五公里左右，下午才花五個多小時就騎了一百多公里，找了個小旅舍待下來，竟然一點都不累，要不是天快黑了，不然還真想繼續騎下去。

隔天繼續出發，中午就到了綿陽市，這裡市容相當整潔，是四川的第二大城，也是以前蜀漢的重要根據地——古涪城。果然，在一個路邊就看到了一座大大的桃園三結義的雕像。簡單吃完午餐之後繼續前進，經過了一個大大的牌坊，上面寫著「劍南蜀道」四個大字。這裡的「劍」指的應該就是劍門關了，當年姜維在這裡率十萬大軍抵抗曹魏大將鍾會，結果被鄧艾偷偷繞路攻進成都，蜀漢就此滅亡。我終於要進入這段著名的古蜀道啦。

這時候終於開始有點山路了，但只算是小丘陵而已，坡度不大，倒是增添了騎車的樂趣。路況依舊相當好，和以前古蜀道用的木棧道實在是不可同日而語，我就這樣徜徉在山丘田園之中，有時候遇到一個小山坳，幾片褐黃色的稻田已經收成了，和翠綠的山丘相映成趣，稻田旁邊有個大池塘，一群不知道是不是野生的鴨子正悠游著，一些小朋友就在池塘旁邊的草地嬉鬧著，畫面寧靜閒適。

在這樣的環境騎車是相當舒服的，陽光不算太大，車子也不多，騎累了，隨時可以在路邊找到大樹來乘涼。才下午四點多，我已經騎了將近一百公里，到了梓潼縣。本來想直接找地方住下的，可是感覺還沒騎過癮啊！於是決定繼續往前騎，進入另一段山路。騎著騎著也快天黑了，本來以為山裡面應該還是有些小鎮子，可以找到簡單的旅舍和餐廳，結果不是我想像中的那樣，所謂的鎮子好像就是幾間民房聚集在一起。只好隨便找了間前院有塊空地的民居，問問能不能讓我搭個帳篷過一晚，女主人不會講普通話，我只好比手畫腳，先是比個三角形表示帳篷，再比個睡覺的姿勢。她好像看不太懂，去叫她兒子出來，我和她兒子解釋過後，他再轉述給他娘，才得到同意。一入夜，他們就全部跑到屋子裡，把門都關起來，我也沒事做，

民居外搭帳篷借宿一晚。

吃了一點乾糧充當晚餐，就早早進帳篷睡了。

隔天早早起床，將帳篷行李收拾上車，做好暖身運動後，上車輕鬆騎了一個小時，就到了下個鎮子，簡單吃了個早餐。我邊騎邊想，以前常常在書裡讀到那些進京趕考的考生，過的是不是就是這樣的生活啊？窮一點的可能就像甯采臣一樣，背個背包用走的，稍微有錢一點的就有馬可以騎了，他們拂曉上路，趕時間的就策馬直奔，能日行百里已經很強了，不趕的就一路遊山玩水，走走停停差不多走個五十里，但每天的共同目標都一樣：找個客棧投店歇息一宿。住下後稍做梳洗，然後就是點一桌酒菜，好好慰勞自己並且補充體力，當然也別忘了照顧辛苦的馬兒。酒足飯飽之後，準備好隔天路上的乾糧，累了就早早睡下，還有精神的話就秉燭夜讀一番。

把馬換成腳踏車，把書換成Kindle，就是我現在每天的生活。

QR code map

翻秦嶺

就這樣一路騎到了漢中，我繼續往東騎，到了距離漢中三十公里的城固縣——也就是張騫的老家，去參觀張騫紀念館。到了之後覺得奇怪，怎麼都沒有人啊？連售票亭的窗子也是關起來的。我繞到旁邊的側門，發現門是開著的，有一些叔叔阿姨拿著掃把坐在樹下聊天，看起來是打掃環境的工作人員。我牽著我的車，往裡面指了一下，他們看著我，揮手要我直接進去就好了，我就一路來到張騫的墳墓前。

通常這種大人物的墓都超大一個，這裡也不例外，那墓碑弄得像城牆一樣，上面刻著「漢博望侯張公騫墓」幾個字。我先雙手合十，跟他老人家說：弟子來自台灣，準備走一趟絲路，希望您能保佑弟子一路平安。然後拍了幾張照後，就牽著車離開了。園區裡還有展示他生平事蹟的博物館，但一來我沒買票，二來我還得趕路，就沒多留了。

我今天的目標是秦嶺山腳下的金水鎮。這個鎮子比之前待的那個小鎮又更小了，主要的街道大概也只有一百多公尺。我先到路口第一間旅舍問問價錢，單間二十五塊人民幣，老闆娘帶我去看了房間，雖然有心理準備不會太好，但破成那樣還是讓我皺了一下眉頭，問了一下能不能算二十，不行？好吧那我再看看。第二間旅舍樓下

張騫墓。

就是餐廳，老闆很熱絡地招呼我進門，問了價格，一間也是二十五，房間雖然沒有比剛剛的高明到哪去，但不知怎麼的，這老闆給我一種踏實、可靠的感覺，於是就決定住下來。（其實也是因為我餓壞了。）

老闆問我想吃什麼，有飯也有麵，我說來碗麵好了，他馬上進廚房張羅去了。不一會兒，端上來一大碗像山一樣的湯麵，配料相當豐富，有豆干、四季豆、茄子和些許肉塊等，我嘗了一口，嗯！蔬菜的甜味和肉塊的鮮味融合得很好，味道濃郁但又不會太油，這麵煮得好。

「怎麼樣，好吃嗎？我看你騎車來的，特別幫你下多一點麵。」老闆一邊擦著額頭的汗，一邊走過來，拉了一把椅子坐下。
「好吃好吃，謝謝老闆！」我吃得臉頰整個鼓起來。
「你哪裡來的啊？」
「台灣！」
「哇！難怪我聽你這個口音很特別，小伙子你行！這準備去哪兒啊？」
「我明天打算翻過秦嶺，然後再到西安，之後再沿著絲綢之路到烏魯木齊。」
「你要去西安啊！對，就是從這條路走，這條是108國道你知道吧？會先經過佛坪，再到長角壩，我看看……這還很遠啊！應該三天才到得了吧？我兒子就在西安念書呢！」
「哦？您兒子多大啊？念什麼學校？」
「他今年才大一，念的是西安電子科技大學。」
「喔！很好的學校啊！厲害厲害！」
「是嗎？還過得去啦……」

老闆笑得很開心，眼睛都瞇起來了，眼神裡流露出滿滿的對兒子的驕傲。這是一間很厲害的學校，我在前公司最要好的同事就是西電畢業的，人不但聰明，工作又認真，是我的最佳拍檔。因為隔天一大早要趕路，我吃飽之後，到街上去買些水果和水，就早早休息了。隔天一大早起來，老闆已經在忙了，看到我下樓，對我喊：「小伙子，起床啦？要不要吃麵？」「好啊好啊！」

煮了三十年麵的職人爸爸。

於是他又煮了一碗和昨天一模一樣的麵給我，只是好像又更大碗了一點，老闆說他十幾歲就在這裡煮麵，到現在都三十幾年了，我聽了不禁肅然起敬。離開前，我問老闆能不能和他合照，老闆連聲說好，他要我等一下，就跑到廚房去了，出來的時候，看他穿上了白色的廚師服，戴上廚師帽，對我說：「我是個廚師，要穿這樣才專業！」我終於知道為什麼，第一眼見到這位老闆時，就覺得他很可靠了。

今天算是到目前為止最精實的一天了，我還不到八點就已經整裝待發，因為我知道今天會是漫長的一天。昨晚大概看了一下地勢，其實爬秦嶺難度不算高，第一段大概三十公里，要從我目前所在的海拔四百公尺爬到一千公尺，平均坡度算起來才2%。下滑十公里之後，再騎四十五公里的連續上坡，從海拔七百公尺爬升到一千七百公尺，基本上就完成任務了，接下來就是快樂的一路下滑到山腳下。雖然總里程長達一百七十公里，但經過這幾天的騎乘狀況，我覺得自己的身體已經調整到最好，有信心能完成這個挑戰。

和老闆告別後，我將滿載行李的車抬出門外，熱情的陽光就這樣毫無保留地歡迎我，我的臉部皮膚先發出警報，熱辣辣的，提醒我今天的天氣可能會不太舒服，我

趕緊補了一層防曬在所有外露的皮膚上，再把魔術頭巾拿出來把臉套了個密不透風，這才踏上踏板出發。騎了一下，覺得有點不大對勁，大腿好像提不太起勁，痠痛的感覺很明顯。想想也是，我已經連續騎乘五天了，除了第一天里程數「只有」一百公里以外，接下來四天每天都趕了一百三十公里以上，難怪身體的疲勞來不及消除。

沒辦法，那就慢慢騎吧，把腳弄傷就不好了。一進入山區，我也不想騎快了——這風景實在太美啦！108國道走到翻越秦嶺這段，都是沿著河流修築的，不知道幾百萬年前，這些河流就從秦嶺頂上流下來，切出一條條深深的山谷，最後流入長江。我有種回到了台灣太魯閣國家公園的錯覺，到處都是橫空出世、遮掉半邊天的岩壁，河床上矗立著驚人的巨石，有些地方就形成了碧綠的水潭，讓人看了真想棄車直接跳進去。

這風景太令人流連忘返了，常常走一小段，我就會發出「靠！」的一聲驚嘆，然後停下來猛拍個不停，我整整花了八個小時，才騎到了最高點。要下滑之前，必須先通過秦嶺隧道，但隧道口卻堵了一堆車，裡面是發生什麼事情啊？該不會是車禍吧？沒辦法，只好等了。到了山頂，氣溫明顯下降了，等等還要下滑，我先把長褲和外套拿出來穿上。就這樣等了半小時，車陣一點移動的跡象都沒有，我忽然想到，不知道在哪裡看到有人開玩笑說，在秦嶺山頂上撒泡尿，有一半會流到黃河，另一半會流到長江裡去。對啊，我現在正站在中國最重要的分水嶺上，這麼好的機會可不是隨時都有。於是我馬上找了一個隱蔽的地方，將膀胱整個清空，希望我的小小貢獻能對長江和黃河的水量有點幫助。

等了快半個小時，車子終於開始移動了，我趕緊跨上車跟上去，進了隧道，才知道原來裡面正在施工。一出隧道口，一陣冷風迎面吹來，幸好剛剛已經把禦寒衣物穿上，眼看太陽快下山了，衝啊！煞車一鬆開，我的車就像脫韁的野馬一樣向前奔去，山的這一側的下坡相當陡，髮夾彎又多，常常時速飆到四十公里以上，馬上又會遇到一個急轉彎，讓我得又減速過彎，才騎了不到半小時，海拔就下降了整整五百公尺，可知這裡地勢有多陡峭。

深入秦嶺峽谷。

坡度開始緩和時,我到了一個叫板房子的地方,在一間規模還滿大的雜貨店停下來買點水。這家店很特別,門口左右各有兩塊黑板,上面用粉筆寫了老闆的人生哲學,這字寫得相當工整漂亮,肯定是花工夫練出來的。仔細看內容,有一段寫道:「我不要太多的百元大鈔和華麗的洋房,也不要高檔的蓮花跑車,更不要飽食海味與山珍,我只要人生的順意,我只要我和家人身體健康。」另外又寫了:「假如有下輩子,我堅決不開店,我要當一名公務員。」「我很羨慕那些昂首挺胸的國家公務人員,那神氣、那神態、那神韻、那自信,簡直是人中的高筋特精粉!」

我不禁笑了出來,也不知道這老闆是認真的還是反串。可惜老闆出去批貨了不在店裡,否則我一定要好好跟這位深山中的奇人聊一下。看了車錶,騎到這裡差不多一百公里,總爬升也超過一千七百公尺,算是相當扎實的一天了。這時候天色也慢慢暗下來,附近剛好有幾間農家樂,在這裡過一夜似乎是個不錯的選擇。但我不知道哪根筋不對勁,竟然很天真地想:反正從這裡應該也是一路下坡,不如就再往前騎一段,到下一個村子再住下就好了。沒想到這個決定,讓我後悔莫及。

我又很開心地下滑了兩個小時,本來偶爾還是會停下來拍照,但隨著天色越來越

暗，我開始有點慌了，我可不想拖著疲累的身軀困在山裡面啊，於是大腿多施了點力道，開始加速向前騎。這時候最糟的情況發生了，前幾天累積的疲勞，加上今天一整天的過度使用，一下子全部爆發出來，我的大腿開始抽筋了。沒關係，快到下個村子了。結果到了才發現，這裡根本沒有可以住宿的地方，而天已經全黑了。

我沒得選擇，趕緊把照明設備裝上，繼續趕路，算一算，大概只剩二十公里就到達山腳下，再撐一下吧。咦？怎麼開始又有上坡了？別這樣啊！我的小腿也開始抽筋了耶！一段小有起伏的十公里路，本來應該很輕鬆的，卻因為我的體力早已耗盡，肌肉使用過度，騎得痛苦不已，右腿先是抽筋得很嚴重，我被迫只能單用左腿出力，不一會兒左腿也開始嚴重抽筋了，我竟然開始使用平常沒在用的臀大肌了。

我用意志力騎完最後的這段路，到達山腳下的周至縣時，已經是晚上八點了，算了算，我今天騎了整整十三個小時。看到路邊有間很大的招待所，我直接騎了進去，真的好想趕快躺平啊。把車停在大門口旁，我左腳一踏地，差點叫出聲來——痛呀！我的左腳掌竟然腫得跟麵龜一樣！痛得不得了！走沒幾步路，右腳的阿基里斯腱竟然也一陣劇痛，慘了，我竟然傷到最難好的地方了！我就這樣拖著腳步來到接待窗口，小妹看到我的台胞證，很驚喜地說：「哇！這是我第一次見到活的台灣人耶！」我苦笑了一下，心裡OS：「難不成你還見過死的？」不過我現在就算不死也已經算是半殘了，光是走個樓梯，都得扶著握把，一階一階慢慢走，稍微一用力我的腳就痛到不行。

花了半小時，我才把所有的行李連車都搬到我的房間裡，氣力完全放盡，躺在床上一動也不能動。我心想，難怪諸葛亮北伐五次都失敗，最後一次還死在五丈原。光是翻過秦嶺就已經去掉半條命了，哪裡還有力氣打仗啊？

QR code map

板房子百货商店

假如有下辈子我坚决
不开店我要当一名公务员

社会上是提倡行业平等，只有行业之分，没有高低贵贱之分。然而在现实生活中行业区分是绞大的。如果不是生活所迫，我是不愿意在这个偏僻落后人少的板房子开店的。开店没有社会地位，本来是爷却自然而然当成了孙子，当人活得没脸面，做人没尊严，见谁都是"老表"！每天工作在十六个小时以上，没有法定节假日，见人低头哈腰，活象抗战时的日本汉奸！

我很羡慕那些昂首挺胸端着茶杯皮鞋发亮头发定型脸皮摸着500大宝盛的国家公务人员，那神气，那神态，那神韵，那自信，简直是人中的高筋特精粉！

要当公务员，上学是必由之路，上名牌581大学是通往行政事业单位的阶梯。我已五十岁，当公务员是下一辈子的事！

开店如同讨饭给一口吃一口

秦岭深山中的奇人老闆。

為求大法
誓不東回

在中國旅行，如果到了省會型城市，絕對不能錯過的景點，就是當地的博物館了。第一，它通常免錢啊！對一個窮背包客來說，是個最佳去處，不但可以消耗一整天，又可以對這個地方的歷史文化有深入的了解。其次，中國位於省會的博物館做得相當有水準，位於西安的陝西歷史博物館，那更是超級大亮點啦！

西安是中國的歷史重鎮，曾經有十三個朝代在此建都，和埃及開羅、希臘雅典、義大利羅馬並列為世界四大古都，路邊隨便一塊石頭可能都有幾百年歷史，不小心跌倒都可能撿到一個古董。其實我對博物館裡面那些瓶瓶罐罐和破銅爛鐵實在沒啥興趣，真正令我著迷的是在這裡發生的故事。我站在一個唐朝長安城的示意圖前面，不禁暗暗感嘆，哇，原來我們曾經也那麼輝煌過啊。

但我緊接著搖搖頭，什麼「我們」？我們是台灣！雖然這幾年慢慢知道很多真相，但從小接受的大中國思想早已根深柢固，常常會陷入這樣的拉扯中。好吧，以一個外國人的角度，我好像可以體會這一代中國人的心情，他們曾經如此強盛過，卻在近代的兩百多年來受盡欺凌，總算在改革開放後慢慢變強了，人人都懷抱著所謂的「中國夢」，希望能重現昔日的強大。

那我們台灣呢？自台灣有歷史的四百年來，一直都是接受外來政權的統治，如果要跟外國朋友介紹台灣的歷史，有什麼引以為傲的事蹟可以分享嗎？我想了想，好像沒辦法說出個所以然來，才發覺自己對台灣的認識真的少到可憐——以前學校根本都沒教啊！可能說說台灣的知名品牌吧，像是華碩、宏碁、HTC等等；然後講講台灣的半導體產業，我們有領先全球的十萬青年十萬肝的台GG*；啊對，當然還有聞名全球的捷安特和美利達。或者是介紹在世界舞台發光發熱的台灣人，像是李安、王建民、陳偉殷……然後呢？除了這些之外還有什麼嗎？我能不能由歷史、文化各方面切入，很完整地講出台灣是個什麼樣的地方，讓外國朋友一聽就覺得超棒，一定要找機會來玩呢？

想著想著肚子也餓了，來去找東西吃吧，雖然還有些館藏還沒看完，但吃飯皇帝大，博物館裡面的寶物都是身外之物，只有吃到肚子裡的才是真的，尤其我們這種長途腳踏車旅行者，食物可以說是推動我們前進的燃料啊，每當燃料耗盡的時候，一開始會覺得疲勞，之後身體會不停發抖，四肢無力，如果不趕緊補充熱量，還有可能直接昏倒。我上個禮拜進城時就很深刻地體會過這種感覺。

回想起費盡千辛萬苦進了京城的那一天，我不但把我兩隻腳加屁股都給弄傷，而且還餓著肚子，整個狼狽到不行。腳受傷是我自己硬撐超過負荷，那屁股是怎麼回事？可能是座墊不合的關係吧，大概從成都出發沒幾天，我的屁股就開始痠痛到不行，後來靠近恥骨的部分竟然整個脫皮了，有時候天氣熱汗流得多，那種刺痛逼得我不時就得站起來騎車，可能也是這樣才讓我的腳受傷吧。

入住了書院國際青年旅舍之後，已經八點多了，我那時只想做一件事——我好想吃炸雞，我真的好想一個人吃掉整整一桶香噴噴油膩膩的炸雞啊！開了手機查到了最近的炸雞店只有一公里多，因為屁股痛得很，就不打算騎車去，用走的好了。才走了一百公尺我就後悔了，我的腳好痛啊！而且我已經餓到發抖啦！在平

---

*台GG：即半導體知名大廠台積電（台灣積體電路製造公司）。「台GG」為網友對該公司的戲稱。

地上一跛一跛的也就算了，就連那種人行道和馬路之間的小階梯，我都得一步、一步慢慢邁，只要一不小心用了點力，我的腳就馬上疼到幾乎站不住。

就這樣掙扎了一公里多，我終於看到那個熟悉的黃色招牌，推開大門，步履蹣跚地走到櫃檯：「你好，我要一桶炸雞！」「先生抱歉，我們都賣完了。」我當場崩潰，「蛤？什麼！！！」我用悲痛欲絕的臉，發出了超級大聲的哀號，櫃檯小姐有點被我嚇到，不過是沒炸雞吃，有那麼誇張嗎？各位看倌，你們有沒有那種為了買一場演唱會的票，排了一整天，輪到你的時候票剛好賣完了的經驗？把那種失望甚至絕望乘上一百倍，大概就是我那時的感覺。

我站在馬路旁邊，頭腦一片空白，過了好一會兒才回過神來，在路邊隨便買了一個烙餅先擋著。吃了東西，到藥局買了些膏藥，再次拖著沉重的腳步回到旅舍，洗了澡，把該搽該貼的藥搞定，馬上躺平昏了過去。後來休息了三天，走路的速度才慢慢從殘障變成老人，又過了幾天，身體才慢慢回復正常。

如今又能趴趴走，當然不能虧待肚子了，一定要大吃特吃的啊。我很愛兩個西安的小吃，一個是肉夾饃，一個叫泡饃。所謂的饃是一種用不發酵的麵團烤出來的餅，肉夾饃就是把圓圓的餅從中間剖開，然後塞肉進去，吃法很像台灣的刈包，只是肉夾饃外面夾肉的餅是硬的，肉會剁得比較碎。這裡的肉就有很多變化，一般的是臘汁去滷的豬肉，其實很像台灣的焢肉，另外我還吃過牛肉、羊肉的。滷得軟透的豬肉加上烤得香酥的餅，一口咬下去既有酥脆的口感，又有鮮嫩多汁的滷肉，實在好吃極啦！

泡饃顧名思義是用泡的，一般店裡賣的大都是羊肉或牛肉泡饃。點餐後，店家會拿個空碗和饃給你，你的工作就是把一整塊的饃用手掰成一小塊一小塊（記得要洗手啊），把掰完的饃放到碗裡拿給服務生，他就會幫你加滿羊肉湯煮一下，就成了一碗羊肉泡饃了。

但我最喜歡的是一家叫作「天發芽」的店，裡面賣的是葫蘆頭泡饃。葫蘆頭是什

肉夾饃。

葫蘆頭泡饃。

麼呢？就是盪氣迴腸的豬大腸啊！而且是有洗乾淨的新鮮豬大腸喔！那加了湯的泡饃一端上桌，映入眼簾的是濃郁的白色湯頭，喝上一口，香啊！這一定是熬了好幾個小時的豚骨湯，再吃一口大腸，鮮啊！而且煮得恰到好處，保持著大腸的Q彈口感，又不會太韌，最重要的是相當新鮮，一點腥味都沒有。如果原味湯頭喝得有點膩，我喜歡加上一些碾碎了的乾辣椒粉，讓湯頭的鮮味更加的被襯托出來。我一試成主顧，從此成為我心目中的西安第一美食。

除了吃，我當然也沒閒著，一天到晚在街上趴趴走。其實我還滿喜歡在西安街頭散步的，和深圳這種商業化的一線大城不同，這裡真的多了點文化氣息。我那天從碑林博物館走出來，在路邊看到一個爸爸正在和小孩下象棋，再走幾步路，看到一個媽媽正在講《三國演義》給小孩聽，這種景象我在別的城市真的沒見過。雖然走得很慢，我還是上到了西安城牆去騎了一下腳踏車，也逛了幾個著名的古蹟。

其中一個重點，當然就是大雁塔啦。大雁塔位於慈恩寺內，是唐朝的玄奘法師建造的，唐三藏去西天取經的故事應該沒有人不知道吧？唐三藏的原型就是玄奘法師。大雁塔就是為了保存他從天竺帶回來的佛像、舍利、和佛經所建的。他從天竺，也就是現在的印度學成歸國後，花了二十年的時間，致力於佛經的翻譯，將佛教在東亞發揚光大。

除了他在佛教的成就以外，我最佩服的其實是他另一個身分，他根本是個超屌的背包客和冒險王啊！他決定要西行的時候才二十六歲，當時已經是名滿全國的高僧了，那年剛好是貞觀元年，唐太宗剛把自己的哥哥和弟弟殺了沒多久，政局還不是很穩定，所以不准人民亂跑，當時未經允許出境可是要殺頭的。但玄奘為了尋求真理，還是執意隻身前往，他說：「為求大法，不到婆羅門國，誓不東回，縱然客死他鄉，也在所不惜。」

他先偷偷溜出關外，再摸黑躲過有駐軍的堡壘，再自己一個人走過戈壁沙漠，還因為四天沒喝水差點渴死。後來好不容易在高昌國王那裡獲得物資和隨從，但是

西安城牆。

又在翻越帕米爾高原的時候死了一半的人。一路上不但環境極度惡劣，而且盜賊不斷，只要隨便一個意外，都可以讓玄奘法師直接前往西方極樂世界。他竟然活下來了，除了有佛菩薩的保佑以外，我還真想不出有什麼合理解釋。他不但活下來，而且真的實現了理想，回國後成就了極偉大的功業。

自己講出來都很不好意思，其實我出發的動機和玄奘法師很像，都是心中有疑惑想要尋求解答，想要變得更強大後回家鄉做些事情，走的路線也有一段很接近，都有從長安城出發的這一段絲路。只是比起他老人家，我的志向和旅程的難度實在是小巫見大巫啦，而且我也沒有視死如歸的決心，苗頭不對，我一定馬上包袱款款回家。但這一路上風險還是有的，所以從西安出發的前一天，我來到了大雁塔，憑弔一下他老人家的事蹟，然後跟他報備一下，希望他能保佑我這個塵世間的小書僮一路平安。

沿著312國道騎車出了市區，我看到一棵翠綠的柳樹旁邊立了一個藍色告示牌，上

面寫著「綠色通道　上海—霍爾果斯」。我心裡先是一陣驚呼：「哇，這條路竟然從最東通到最西，好長啊。」然後心裡又犯嘀咕：「真的假的啊？一路上都是綠色的嗎？」結果真的一路上都種滿了樹，至少綿延了好幾十公里。這時秋高氣爽，陽光不大，微風將沿路的柳樹吹得搖曳生姿，平坦的柏油路讓我騎起來一點都不費力……

等等，這不是我想像中的絲路啊！荒涼的戈壁沙漠在哪裡啊？（謎之聲：你急什麼啊？）

QR code map

玄奘法師與大雁塔。

成全

越往西走，真的會有一種慢慢遠離家鄉，不知道何時才能歸來的感覺，我實在太入戲了。經過彬縣的時候，我去逛了也是在路邊的大佛寺。這是個唐太宗蓋的寺廟，當時佛教真的是很多老百姓的精神寄託，尤其是那些來往絲路、冒著生命危險做生意的商人。經過平涼時，我也順便去爬了號稱道教第一山的崆峒山，對，就是金庸小說的崆峒五老的根據地（他們的絕招是七傷拳）。現在剛好是爬崆峒山最適合的秋天，這裡相當清幽，不像黃山或是五嶽的華山和泰山那樣，整年都是人滿為患。

信步拾級而上，樹木蓊蓊鬱鬱，幾乎將豔陽完全遮住，有些葉子已經轉黃，掉在石階上，走著走著，不時會有揹著個大竹簍的出家人快步超過我，看那健步如飛的樣子，應該真的是有練過功夫的。偶然經過一間道觀，看到兩位留著長長白鬍鬚的道士坐在那裡聊天，再走一下，發現這裡原來也有佛教寺廟嘛，寺裡有幾位出家師父似乎正在舉行什麼儀式。是啊，佛道本一家嘛，尤其是這樣清幽的世外桃源，真的很適合修行。

從這裡向西翻過海拔兩千四百公尺的六盤山埡口後，感覺越來越荒涼了，綠色終

師父健步如飛，果然有練過。

於慢慢被黃色所取代，我進入黃土高原了。從西安出發後過了一個禮拜，我到了甘肅省的省會蘭州市，黃河就由西向東貫穿了整個市區。我住在火車站附近的一間青年旅舍，在網路上給的地址附近繞了五分鐘，就是找不到入口，只好打電話過去。接電話的男生問了我的位置，要我稍微等一下，他下來接我。

來接我的年輕人叫作小沈，他其實也是房客，只是待久混熟了，偶爾會幫點小忙。他說這間青年旅舍才開沒多久，到目前為止，只有一個房客不用人下來帶直接找到正確地點。我跟著他進了一條小巷子，跨過一個不起眼的門，然後走了幾個不同位置的階梯到三樓，拐了幾個彎後進了一個很老舊的電梯，到了九樓之後還得越過一道門，才到了沒有任何提示的青旅門口。

這第一次來的人找得到才有鬼啊！我說不定等一下出去買個東西回來又會迷路了！但一進門之後就是我熟悉的氣味了，大廳相當寬敞，正播放著電影，四五個驢友*坐在沙發上聚精會神看著，其中一個站起來向我打招呼，幫我辦理入住手續。這位年輕的老闆很熱情，很詳細地介紹旅舍的設施，讓我把腳踏車放在客廳的一個角落，然後帶我到我的房間。原來這裡是幾個當地年輕人籌錢一起開的，大家都很喜歡旅行，也很好客，我立刻就喜歡上這裡的氣氛。

我將行李放到定位，馬上去洗了個澡，輕鬆許多。我坐在床邊，用在西安買來的噴劑往左腳掌猛噴，然後不停按摩，這已經成了我每天晚上的例行公事了，那時翻秦嶺受的傷一直都還沒好。除此之外，我兩隻大腿的肌肉痠痛一直都沒辦法消除，奇怪，這幾天也不是太操，沒爬什麼大山，以前只要連續騎個兩三天，讓身體適應騎乘的強度之後，痠痛就會慢慢消除了。

邊納悶著，外面傳來一陣吆喝聲：「快來吃消夜喔！」原來老闆也是個廚師，今天從市場買了一隻新鮮的羊腿，煮了一鍋羊肉湯請大家喝，怎麼這麼好，肚子正

---

*驢友：旅友（Tour Pal）的諧音，指的是戶外運動、自助旅行的愛好者，他們彼此間也用這個詞自稱或相互稱呼。驢子能馱能背，吃苦耐勞，因此驢友也常以這樣的稱呼與特質自豪。

餓呢。到了廚房，香味撲鼻，已經有五隻餓狼在那邊虎視眈眈了，我趕快拿了個碗坐下。老闆先幫我盛了一大碗，裡面不但有羊肉塊，還有一堆麵條。「來，剛騎了這麼長距離過來，吃多一點。」我看老闆分到最後一碗時，竟然只剩一點肉屑了，看最後一位小伙伴愁苦的臉，我實在……一點也不會不好意思！哈哈哈。先喝一口湯，哇，這清湯好鮮甜啊，老闆加了白蘿蔔和一點薑絲，把羊羶味適度去除掉，喝進肚子裡，一陣暖意由胃擴散到全身。

拿到最後一碗的小伙伴也叫作小傑，他就悶了，一下就吃個碗底朝天，直往我們其他人的碗裡瞧。另一個小伙伴阿浩，吃完之後抹抹嘴巴，意猶未盡地說：「啊，真好吃啊，但是實在不過癮啊。」
小傑馬上忿忿不平地附和：「是啊是啊，我根本就沒有吃到肉！」
阿浩說：「不如我們明天去吃烤全羊吧，你們吃過嗎？」
聽到這三個關鍵字，我的眼睛亮了起來：「沒有耶，我今天才剛到，好吃嗎？」
「巨好吃啊！我上個禮拜才吃過一次，那次總共八個人解決一隻羊，吃得我們撐死了。」我一聽口水幾乎又要流下來。
「走吧明天就去吃吧！」小傑馬上強力表達意願。
「但我們現在人數似乎不太夠啊。」對面剛吃完的王胖，抹抹嘴巴說。
「其實上禮拜八人裡面有三位姑娘啊，我們戰鬥力應該算可以吧，」
「當然可以啦！是不是男人啊！我要吃肉！！！」一提到吃我精神真的都來了。

於是阿浩上團購網找了一下，找到了一個叫阿木爾生態園的地方，十人份的烤全羊套餐只要人民幣七百九十八，你沒看錯，我們打算六個人吃掉十人份的羊。套餐裡面包含了好幾樣小菜和一瓶酒，算一算一人只要台幣六百多，實在相當划算啊。於是打了電話跟店家預約後，訂了隔天下午兩點的位子。

第二天才下午一點，其他五隻餓狼已經齊聚在客廳裡，等得有點不耐煩了。

我走進客廳，聽到小傑說：「……我早上什麼都沒吃，就是為了等這餐！」
「哇操，你也太誇張了吧，先吃點東西墊墊胃吧。」阿浩說。

「不不不，我要把所有的胃容量留給最好的……欸還有多久啊？」

「才一點而已，我們要出發了嗎？」我看看錶說。

「走吧走吧，待在這裡空等很煎熬啊，提早過去看能不能讓他們早點上！」小傑看起來是餓壞了。

於是我們一行人出門，前往距離市區二十幾公里的阿木爾生態園，路上車很多，其實到達時也快要兩點了。我們走進園區，可能午餐時間已經過了吧，沒什麼人。和櫃檯確認了我們團購券的號碼，女服務員領我們到一個圓桌坐下，旁邊有一桌客人已經吃完離場了，那烤全羊的「殘骸」看起來還有很多肉沒吃乾淨，小傑一副想要撲過去的樣子。

服務員先上了幾盤套餐裡的小菜，就是小黃瓜、花生米這些小東西，根本讓我們填牙縫都嫌寒酸，但有總比沒有好，我們一群人一邊嗑著花生，一邊閒聊著各自的旅行經驗和計畫。這一坐竟然就是半個小時，我早上才吃一碗麵當早餐，到現在也六個多小時了，肚子早就餓到不行了，其他人看起來也差不多。小傑看起來生氣了，一句話不說就跑出去，回來後怒吼道：「還要再十五分鐘！」「什麼？」「我快餓死了！」「天啊……」這類的哀號聲此起彼落。

我發覺這時候大家慢慢地靜了下來，竟然還隱隱約約透著一股肅殺之氣。終於，服務員端著烤得金黃香酥的全羊，朝我們這桌走過來了。這時候氣氛一下子被點燃，大家迅速拿起手上的刀叉，每個人的眼神中都透露出殺氣和渴望，等服務員一端上桌，就準備一擁而上將全羊大卸八塊，我腦子裡浮現出「磨刀霍霍向豬羊」七個字。

說時遲，那時快，當服務員的手將全羊放到桌上，我們準備開始行動時，聽到小傑喊了一聲：「等一下！」我們大家把刀叉停在半空中看著他。「先拍照！」「靠！！！」於是大家紛紛把刀叉放下，把各自的手機和相機拿出來拍下這隻羊完整的模樣。之後就是一陣混亂，我左手使出黯然銷魂掌抓了一邊羊後腿，右手使出倚天切，俐落地將羊腿卸下，哇哈哈哈哈哈，多年勤練武功就是為了這一

小羊最後的完整模樣。

刻。趕緊咬上一口，天啊，這實在是太好吃啦！鮮嫩多汁的小羔羊，加上酥脆的外皮，撒上孜然等香料，每一口都是上天的恩賜，我以後再也吃不到要怎麼辦啊！

到最後大家索性不用刀叉了，直接用手抓，大口吃肉，大口喝酒，不亦快哉！今天我才算是真正到了西北啦！經過了幾輪混戰，我看大家的動作變慢，眼神也變柔和了。於是我們慢慢把剩下的肉盡量吃完，然後把散落在桌上的羊骨拼湊起來，再拍張照片，我們六個人就這樣解決了十人份的烤全羊大餐。服務員來收桌子的時候嚇了一跳，說沒有看過有人吃得這麼乾淨的。

說也奇怪，隔天早上準備出發時，我發現我的腿完全不酸了！想了一下，恍然大悟，原來我打從成都出發後，因為想省錢，常常吃碗麵就打發掉一餐，蛋白質的補充嚴重不足，身體得不到足夠的養分來修補損壞的肌肉組織，我的運動量又這麼大，不酸才怪！從此之後，我一定會確保每天都能吃到肉，果然我的大腿就不再發生痠痛不消的狀況，而且還越來越強壯了。

QR code map

我心裡默默謝謝那隻無名小羊，謝謝牠犧牲自己來成全我。

出關入大漠

接著我從蘭州跨過了黃河第一橋，繼續往西北走。這是我第一次看到黃河，還真是名不虛傳的黃啊！從這裡開始，我會沿著著名的河西走廊，經過河西三郡：武威、張掖、酒泉，通過嘉峪關之後，到達中國行最重要的目的地之一：敦煌莫高窟。之後進入新疆，經過哈密、吐魯番，最後抵達烏魯木齊，總長一千九百公里。

從這裡之後的路，除了有些地方的地勢偶有起伏以外，已經沒有大山要翻越了，唯一要注意的事情應該就是禦寒了。季節從深秋慢慢地進入冬天，入夜後溫度都接近零度，白天也都低於十度，越往西北騎，我身上的禦寒衣物就越來越多。

沒想到的是，我遇到了另外一個棘手問題，過了蘭州後，依照中國政府的規定，我只能住在「涉外旅館」。我在張掖的青年旅舍聽到這個規定，有點傻眼，怎麼我在其他地方暢行無阻，在甘肅就行不通？老闆也很無奈，說如果讓我住房被查到，那可是會被勒令停止營業啊！他幫我查了幾家位在市區的涉外旅館，一晚都要一兩百塊人民幣，大大超出了我的預算。老闆在我苦苦哀求之下，跟我說：「不如這樣吧，你去派出所問問看，看他們是否願意開一張臨時住宿證給你，如

黃河邊。

果可以的話就讓你住。」

這是我第一次進中國的派出所。辦理相關業務的警察聽說我是台灣來的，相當客氣、熱情，一下子就幫我辦好了手續，還介紹了一些附近的景點給我，包括我本來就預定要去參觀的丹霞地質公園。

丹霞地貌在中國其實有七百多處，但是張掖的丹霞地質公園是全國公認最漂亮的景觀。照片看起來就像是整片山岩變成了被擠壓成波浪形狀的千層蛋糕，但顏色更加地五彩斑斕。這是紅色砂岩經過幾千萬年的地質運動造成的，可以說是老天爺的一大傑作。親臨其境才知道實景比照片壯觀太多了，我感覺自己好像不在地球上了，這應該是《星際大戰》裡面才會出現的景色吧？

從張掖往西經過了酒泉，我到了嘉峪關市，上網找到一間號稱兩星的賓館，單間一晚竟然只要六十，先打電話過去問問能否接待台灣人，答案竟然是可以，讓我喜出望外。住了一晚後，隔天前往不遠處的天下第一雄關——嘉峪關。這是明代興建的，是長城的終點，更是個軍事重鎮，從這裡再往西就算是關外了。

丹霞地貌。

在張掖的青年旅舍時，聽到一些小伙伴在討論他們「逃票」的豐功偉業。他們用盡辦法不買門票就進入景區，大都是趁警衛不注意的時候爬牆，誇張一點的還有翻越半座山繞開圍牆的，這已經不只是省錢這層意義了，很多人還把這當作炫耀的事蹟，網路上還到處都找得到攻略。我雖然不置可否，但想說他們都是窮學生嘛，被抓到就乖乖補票，應該也無傷大雅。聽他們說，嘉峪關逃票其實很簡單，只要沿著南邊的城牆走，有個地方在施工，很容易就可以看到能夠翻過去的地方了。

我到了嘉峪關門口，門票竟然要價一百二，而且裡面正在整修，有一大部分的城樓完全看不到，這不是搶錢嗎？本想在門口拍拍照就走了，可是來都來了，不進去看一下好像有點可惜。對了！不如來試試看能不能逃票成功吧？這個念頭一起，我的心跳馬上加快，我裝作若無其事的樣子，往正在施工的那個方向走去，就這樣來回走了幾次，哪有可以爬過去的地方啊？就算最矮的城牆，我用力跳都還搆不到。正當我要打消念頭的時候，忽然看見城牆一個凹下來的地方，垂下來一條黑黑粗粗像是電纜的東西，我試了兩下，好像挺結實的。於是我雙手緊握那條電纜，用力一拉，右腳一蹬，身體向上躍升，再探頭一看，圍牆的另外一側沒有人，太好了。我繼續使勁拉著電纜往上攀，直到雙手能支撐全身爬到城牆上，右腳用力一踩，左腳順勢跨過，下一刻，我人已經成功翻到圍牆內了。

我先看看四周，還好，沒有人看到，再低頭看看我的長褲，慘了，整條褲子沾滿了上千年歷史的黃土，這一看就知道是翻牆進來的。幸好旁邊就是洗手間，我故作鎮定地慢慢往男廁走，這時候心跳得更快了，感覺每個人都盯著我，好像隨時都會有人大聲喊道：「抓住那個賊！」幸好擔心的事情沒發生，我也順利把褲子上的塵土清理乾淨。逃票這種事情還是體驗過就好，下不為例。

嘉峪關果然不負天下第一雄關之名，雖然到處都在整修，但高聳的城樓，寬敞的校場，很容易就可以想像出當時中國的強大，當作國家面對外族的門面再恰當不過，實力沒那麼強的民族如果肖想入侵，看到這麼雄偉的建築，打都不用打就乖乖掉頭回去了。結果現在被我這麼容易就翻牆進來，當時守城的將軍如果地下有知，應該會氣得從墳墓跳出來吧。

從嘉峪關繼續往西，景色越來越荒涼，人煙越來越稀少，時序也進入了冬天，正是萬物蕭索，正常的生物沒事不會出門趴趴走的季節，只有我這個神經不太正常的人，天還沒亮就得準備行李，吸著接近零度的冷冽空氣，頂著寒風往更荒涼的地方騎去。啊，這就是我要的那種「大漠孤煙直，長河落日圓」的壯闊感！想像自己是個為了理想的熱血青年，不惜離鄉背井，拋家棄子，像玄奘大師那樣悲壯地獨自踏上這個屬於自己的偉大航道，啊～實在是太浪漫、太銷魂了。

我的白日夢隨即被我身後以超過一百公里的時速呼嘯而過的大卡車所驚醒，才想起我現在已經離開了312國道，騎在通往烏魯木齊的高速公路上。整條路大小車輛川流不息，熱鬧得很，常常可以看到載著巨大風力發電機扇葉，或是水泥地下管道的大車經過，看得出中國政府還是一直砸錢大興土木。過了嘉峪關後，腳踏車可以在高速公路上暢行無阻，已經是公開的祕密了。大家可能覺得很危險，但其實在高速公路上安全多了，我可以獨自擁有超級平坦寬敞的路肩，大卡車完全沒有機會進到離我兩公尺以內的範圍，比起一般狹小的國道，每次大車一接近我就膽戰心驚，甚至得靠邊讓他先過的狀況，好上不知幾百倍。唯一不方便的地方，就是找不到店家補給。

經過玉門市後，是個一百三十公里的連續緩下坡，我騎在高速公路上，以接近三十公里的平均時速飆進了瓜州，當年玄奘大師就是在這裡卡關了快兩個月，因為從這裡再往西是玉門關，就算成功偷渡過關，後面等著的是極度凶險的沙漠，沒人帶路的話根本就是九死一生。我現在面臨的情況和當時比起來，真的是不可同日而語，我的前方是一條筆直的柏油路，一路通往敦煌。

但不知道是不是老天爺要我體驗一下當年玄奘遇到的困境，竟然刮起了一場沙塵暴，幸運的是，風是從我正後方吹過來的。我這輩子從來沒有遇過這種情形，我的雙腳完全沒有踩踏，車子還能維持時速三十公里向前，滾滾黃沙以快我兩倍以上的速度狂奔而去，整片天空都是黃的，前方的能見度大概只有三公尺，來往的汽車都開了大燈加上閃黃燈示警。

順風騎車有時會讓人感覺不到風的存在，我突然好奇，不知道在這種狀況下逆風騎車，會是什麼感覺呢？於是我趁風沙比較小，稍微能看得到遠一點的時候，趁沒有來車，左轉到對向車道，準備回轉。沒想到我腳踏車的龍頭一往左偏，馬上就感覺到強烈的風沙從側面襲來，吹得我重心不穩幾乎摔倒，只好下車用牽的，好不容易掉了頭，這時沙塵暴從我正面直直吹來，我連站穩都成問題，右腳踏上踏板，試圖前進，沒想到那踏板有如千斤重，根本前進不了，才試了三秒我就放棄了。我想，如果今天出發時吹的是逆風，我只能待在原地，看老天爺什麼時候心情好肯放我過去。

我念著《食神》裡夢遺大師的經典台詞：「我隨風而來，隨風而去。」就這樣，我幾乎沒費什麼力氣，被這陣神風護送了一百二十公里，以本次旅程最高的平均時速──二十七公里，進了敦煌。

QR code map

天下第一雄關。

台灣大哥

敦煌國際青年旅舍裡的一群小伙伴圍在一起，嘰嘰喳喳地討論著。

「欸，妳們去過月牙泉和鳴沙山沒？」從西安來的饅頭對著正在用電腦的兩個女生問道。

一個重慶來的姑娘李潔回頭道：「還沒呢，打算明天去，你呢？」

「我也是明天早上要去，還有三個哥兒們要一起，你們要不要一起去？」

「好啊，妳去嗎？」李潔對她旁邊的小亦問道。

「走啊，人多比較好玩嘛。」小亦眼睛始終沒離開電腦螢幕。

我辦完了入住手續，加入他們的談話。

「你們明天要去看月牙泉嗎？請問我可不可以一起？」

「當然好啊，你騎行啊？從哪裡騎過來的？」主揪饅頭問我。

「我從台灣出發的。」

大家一聽我是從台灣騎過來的，整個沸騰起來了，兩個女生馬上拋棄電腦圍了上

來。

「嘩！台灣同胞啊？難怪覺得你的口音就像那邊的！」
「真的從台灣騎過來啊？騎了多久啊？」
「你還背著吉他啊？沿途賣唱嗎？」

這些小朋友看起來都二十出頭吧，每個都把我當成珍奇異獸的樣子，圍著我不停問問題，聽到我已經是個三十五歲的大叔，更是大呼小叫。

「什麼？我以為你和我們差不多年紀吶！你看起來頂多二十五歲吧？」
「我不信，身分證給我看。」我把台胞證遞給他們。
「這是什麼？第一次看到。還真的是（19）78年的耶！」
「天啊！台灣大哥你怎麼保養的啊？你看那個饅頭才二十三歲而已，看起來比你老，哈哈哈⋯⋯」
「怎麼樣？我就是看起來比較成熟不行嗎？台灣大哥肯定是平常有在鍛鍊，看起來才會比較年輕，看來我也要弄台自行車了。」
「你啊，太遲了啦，沒用吧？哈哈哈⋯⋯」
「你說什麼⋯⋯」

就這樣你一言我一語鬧了快半小時，我才得以脫身，從此以後，我就成了他們口中的「台灣大哥」。

在中國的青年旅舍到處都可以看到這樣的年輕人，他們有的是趁長假出來旅行，有的是畢業之後的壯遊，聽他們去過的地方，可以從東北的黑龍江，一路玩到西南的西雙版納，再從西北絕美的喀納斯湖，一路玩到東南溫暖繁華的沿海大城。就算不出國，他們光是在中國國內，能看到的東西、經歷到的事情、遇到的人就已經相當豐富了。比較起來，台灣實在太小了，如果我們台灣的年輕人不找機會多出去走走，發揮海洋國家該有的冒險精神，光是視野，可能就會差人家一截了。

隔天一早五點，出租車就在門口等了，經過昨天一整天的呼朋引伴，我們成了十四人的大團隊，大家分成兩批行動，我們各自提了一袋水和食物，先後到達了月牙泉景區的門口。你或許會問，這麼早去幹嘛？當然是看沙漠中的日出啊！你又會問，這麼早有開嗎？當然沒開啊！你又問，那怎麼辦？翻牆進去囉！

其實這才是大家的真正目的——逃票！這裡是超級著名的景點，門票一張要價一百二，逃票的難度不高，如果早起趁門還沒開的話，翻個牆就過去了，要不然還可以繞個小路，從側邊翻過幾座沙丘就可以了。青年旅館還提供詳細攻略，一般住青旅的年輕人，很多都是逃票進去，很少光明正大買票的，我這個大叔就跟著嘗鮮啦。

兩台車先後到了景區門口，天空還是黑的，但門口有幾盞黃色的燈，把整個停車場照得很亮，感覺一舉一動都會被人看得很清楚。我們一群人聚在一起，拿不定主意，到底要繞路爬山，還是直接翻進去好。有個小伙伴等不及，用雙手搖了幾下欄杆，還挺穩固的，然後雙腳一跳，兩手一撐，就翻過去了！

我們見狀，等了幾秒，沒有警犬衝出來，也沒有警鈴大響，就一個一個接連翻過去，然後大家開始跑啊！門口周遭實在太亮了，我們趕緊跑到暗一點的地方，跑到一半，身後響起陣陣狗叫聲，我們緊張極了，更是加快腳步，試圖讓自己趕緊隱入黑暗中，幸好狗叫聲越來越遠，然後就停了。

我們鬆了口氣，把腳步慢了下來，沿著景區道路往月牙泉走去。這時有人指著沙丘頂端說：「我們爬上去等日出吧！」於是大家依言魚貫向上爬，這沙丘實在不是普通難爬，往上踏一步就會下滑一半以上，越是用力，越是無法順利前進，好像是在下降的手扶梯逆向往上走似的，明明就爬了很久，好像還停留在原地。好不容易耐著性子慢慢爬，爬到最頂端，居高臨下一看，除了遠處景區門口有一點光亮以外，什麼都看不到。我們紛紛跌坐在柔軟的沙地上休息，把乾糧或水果拿出來啃食。

鳴沙山上的千手觀音。

月牙泉。

沙丘頂上的風真大啊，加上現在的氣溫應該是零下五度左右，才過了幾分鐘，我們每個人都被風吹得體溫極速下降，冷得開始發抖。於是我們全部擠成一圈，手勾著手，肩膀挨著肩膀，互相取暖，我也試著把身體縮成最小，打了一會盹。過了兩個小時，我從睡夢中聽到些許喧鬧聲，張開眼睛，天色有點發白了，幾個小伙伴已經站起來玩耍拍照。

我也把相機從塑膠袋等層層的保護中拿出來，沒辦法，這裡的沙實在太細了。試著拍了幾張照片，光線還是太暗，拍不太起來。我索性也站起來，舒展一下已經凍僵的身體好了。我加入了沙地五十公尺賽跑，這裡的沙子真的很軟很難跑，但我還是跑了個第二名。那邊幾個小伙伴玩起了千手觀音，還有一個挑戰從山頂側身滾下山丘的，整個超歡樂。

這時候已經可以很清楚地看到整個月牙泉了。月牙泉的名聲實在太大，來之前就知道是什麼樣的地方，但是親眼看到還是覺得很震撼。很難想像這裡從一兩千年前的漢代開始，就是一個旅遊勝地了，廣闊的沙漠中竟然憑空冒出了這樣一個彎月型的湖泊，那時候的人看到應該會覺得是老天賜給人間的奇蹟吧。

這裡形成的原因有很多，但最常被採信的說法，是這裡的泉水其實是地下水。但近年來因為環境的變遷，水量已經越來越少，現在已經幾乎都是人工的自來水了。不知道是雲層的關係，還是沙塵暴把天空整個蓋住，日出時間明明已經過了很久，卻遲遲看不到太陽升起，而天空已經全亮了。

於是我們一個個走下沙丘，下來比上去容易百倍，我邁開大步下山，不像下一般山路時，大腿和膝蓋必須承受住地心引力的拉力，才不至於速度太快導致摔跤，往往下山後都會一陣腳軟；這裡每跨出去一步，向下的力量會完全被沙子吸收，唯一要用的力，就是把已經深埋在沙裡的腳拔起，再向前跨去，一點都不用擔心失速摔倒。如果真的摔倒了，那也無妨，旁邊就有個小伙伴是連滾帶爬下去的。只是下來之後的第一件事情，就是把鞋裡的沙子全部倒出來。

這天晚上小伙伴們辦了一個聚會，邀請全旅舍的人聚在客廳，點上蠟燭，吃吃東西聊聊天。我本來耍自閉，想自己躲在房裡看書，不小心被昨天認識的饅頭抓到，叫我一定要下樓去。

既然答應了，就去坐一下吧，才剛下到一樓，就聽到一陣掌聲——原來現在是自我介紹時間，大家輪流講講自己從哪裡來，旅行經驗，以及為什麼會來敦煌。我進去一坐下，就馬上有人cue到我：「欸台灣大哥該你啦！」「等你好久總算出現啦！」於是我就把為什麼要走這一趟的動機稍微說了一下，就是想多看看這世界這種啦，還舉了《進擊的巨人》當例子。

沒想到講完之後迴響超級熱烈，大家一邊鼓掌一邊叫好：「說得真好啊，台灣大哥！」「真是牛逼，佩服！」「台灣來的大哥果然不一樣！」我有點驚訝，有那麼誇張嗎，我覺得很老梗啊。這讓我想起以前在深圳發生的一件事：某天晚上我和朋友去一間小酒吧坐坐，當天是open mic，我不知道怎麼的，被拱上去唱了一首Radiohead的〈Creep〉。唱完之後也是獲得如雷掌聲，酒吧老闆還跑來跟我說：「你們台灣的唱起英文歌味道真的不一樣，很有底蘊。」

我又想起這一路上遇到的中國人，算一算也超過百人了，聽到我是台灣人，除了一個比較不禮貌，其他人都是既熱情又親切，好像看見分離已久的親人一樣，而且他們似乎都覺得，這親人是從比較進步的地方來的，除了想親近我以外，又多了一點點的幻想。

這時輪到一個叫作達叔的人，看起來滿年輕，瘦瘦黑黑的戴了副細框眼鏡，全身上下都是登山用的功能衣物，一副專業背包客的模樣。他似乎在這裡待一陣子了，和很多人都很熟，講到後來，有人起鬨問他怎麼那麼久都沒交女朋友，他只是笑笑不回答。他講完之後，跑來我旁邊坐下，和我有一句沒一句聊著，問我明天要幹嘛，我說我可能會去敦煌博物館，他說他沒去過，想跟我一起。我是比較想自己逛啦，但也不好拒絕，就先答應他，反正明天能不能遇得到還不知道。

結果隔天下午我要出發時，發現他人剛好在大廳晃來晃去。

他看到我，很高興地問我：「要出發了嗎？」
「是啊，走吧。」沒辦法，只好讓他跟著了。

一開始我們先隨便閒聊，知道他才大學畢業沒多久，一畢業後就出來旅行，想要多認識自己的家鄉，之前還曾經在西寧的青年旅舍打工過一陣子。問他是什麼學校畢業的，竟然是個武漢大學法律系的高材生，而且還修了很多政治系的課。這可是中國排名前十大的名牌大學啊。

我們之後慢慢聊開了，他忽然問我：「以你們台灣人的觀點來看，你覺得大陸怎樣？」
我察覺到一點不尋常的意味，小心的回答道：「看起來發展得很欣欣向榮啊，大家的生活過得越來越好了。」
「你不覺得只是表象嗎？」他停了一下接著說：「現代的中國人活在一個虛假的世界裡，政府掩蓋了很多他們不想讓老百姓知道的事情。你看那個新聞聯播，不是講領導很忙，就是講中國有多富裕安康，然後接下來一定會說世界其他地方多亂啊，整天打仗。」
我心裡想，這人還真特別，我繼續試探他：「但你不覺得，只要老百姓吃得飽，穿得暖就好了嗎？」
沒想到他義憤填膺地說：「不是的！還有更重要的事情！像是民主、人權、法治！這是世界潮流！共產黨逆天而行總有一天會滅亡的！」

我被嚇到了，趕緊要他小聲點，但他好像忽然找到了傾訴的對象，停不下來：

「毛澤東是個史上最惡的大魔頭！希特勒和史達林還要排在他後面！」
「現在的中國年輕人夢想就是買車和買房，這算哪門子夢想？」
「我做青年旅館，一方面是求溫飽，我想要每個驢友都有家的感覺，但最大的目的是想做些思想和理念的傳遞和改革……」

「出來走，就是為了回去能有所作為！」

「當年孫中山的三民主義才是對的！他老人家死前說：革命尚未成功，同志仍須努力！」他停頓了一下，慢慢地說：「革命是會流血的，這也是我到現在都不想談感情的原因。」

我徹底被震懾住了，難道站在我前面的年輕人，是黃花崗七十二烈士投胎轉世的嗎？我們後來又聊了很多台灣和中國的現況，以及之後會如何發展，和我們能做些什麼事情，聊得相當開心，結果博物館裡面有什麼展覽，我好像都不記得了。隔天我們交換了聯絡方式。珍重再見，有志一同的朋友，以後一定會再相見的。

QR code map

觀自在

這次到敦煌來，重頭戲就是遊覽莫高窟了。我在中國工作的四年，已經走過一半以上的世界遺產，但最讓我心生嚮往的，就是莫高窟。我們平常知道的世界奇蹟，像是埃及金字塔、泰姬瑪哈陵等，你要說他可能是外星人技術建的也好，或是國王傾盡全國之力造的也罷，它們就是在某個時間點，為了某個目的（這兩個剛好都是墳墓）所存在的，過了那個時期，對後世的人來說，除了觀賞用途以外，基本上沒啥大作用。

但是莫高窟不同。西元366年，一個苦行僧，法號樂僔，他有天走到敦煌三危山下，那時太陽已經快下山了，忽然天空一陣金光閃爍，樂僔彷彿聽到佛祖在耳邊跟他說：「就在這裡傳誦佛法吧。」於是他就此開始在這裡的山壁挖鑿洞窟，雕塑佛像，講經說法。

佛祖顯靈的事蹟傳開來後，信徒紛紛到此開鑿石窟，尤其這裡位於絲路的交通樞紐，那些冒著生命危險往來的商人，更是需要心靈的慰藉和佛菩薩的保佑。沒錢的就挖小的，心誠則靈嘛。實力雄厚的，像是王公貴族，或巨商富賈，開鑿的石窟不但莊嚴雄偉，牆上還有富麗堂皇的壁畫。

到了唐代，莫高窟的發展臻至鼎盛，武則天當政時，新增的石窟超過千座，整個莫高窟最大的洞窟和佛像，就是她登基的那年修的。一直到了元朝，因為絲路的廢止，莫高窟才慢慢隱入歷史的洪流裡。

在這一千年間，不同朝代、不同種族的人，將他們的生活、文化融入了佛教，然後刻在這個亙古永存的岩壁上。這是一個具有千年生命力、凝聚了成千上萬人的信念的歷史瑰寶。對我來說，它才是最屌的世界遺產。

莫高窟在淡季的門票才八十，還包含導覽，簡直太便宜了。買完票後必須到門口稍候，湊滿二十五人，就有導覽員領著大家去參觀。因為這裡的石窟實在太多，所以只開放一部分重點石窟，每個石窟的門都是上鎖的，無法自由參觀。導覽員帶領我們看了十個石窟之後，遊程就算結束，但如果時間足夠，還是可以亂入其他團，說不定可以看到沒看過的。

很不巧，招牌北大佛所在的第96窟正在整修中，但我還是觀賞了第二大的南大佛、安詳莊嚴的涅槃佛、栩栩如生的阿難和迦葉尊者等藝術品，當然還有最有名的藏經洞，遙想當年道士王圓籙，無意間發現這個藏有數萬卷佛經、文書、字畫等無價之寶的密室，以及後來遭到西方考古學家掠奪的往事，不禁一陣唏噓。

但我印象最深刻的，其實是一座很小的坐姿禪定佛像，位於編號第259窟的邊邊，一個不太起眼的角落。洞窟裡為了保護雕像及壁畫的塗料，將光線降到了最低程度，所以一開始我是什麼都看不到的。導覽員將我們領到那座佛像旁邊，介紹道，這是東方的蒙娜麗莎，它的微笑可以媲美西方的那位，然後用手電筒由下往上慢慢移動，由於光影的變化，我看到祂真的笑了。

我的眼淚在那一瞬間掉了下來。它安詳的臉龐，輕輕闔上的雙眼，和稍稍上揚的嘴角，彷彿在和世人說，它已經參透了一切，獲得了無限的自在和寧靜。我想，這應該是我這輩子的最終目標吧。

從敦煌出發繼續往西的路上，景色越來越荒涼，天氣越來越冷，有時候甚至還下起了雪。我在不斷踩踏的途中，常常會想起這座禪定佛，到底要怎樣才能達到那種境界呢？玄奘大師在很年輕的時候就找到了天命，踏上了九死一生的西行之路，最後終於得道。那我呢？我現在踏上了他當年走過的路，但我的任務是什麼呢？我不知道。

有時候想得腦筋快短路了，我就會開始背誦《心經》，說也奇怪，念了幾次之後，內心總是會慢慢得到平靜。經過了牛魔王的地盤火焰山後，我在吐魯番認識了一位年輕的攝影師，拿著經典的徠卡M2底片機，我們變成好朋友，一起逛了許多地方。他正在實行一個計畫，他會邀請旅途上碰到的朋友把夢想寫在紙上，幫他拍起來後，做成明信片寄給他。

於是我沒想很久，就在紙板上寫下了「觀自在菩薩」五個字。

QR code map

觀自在菩薩。

張益達 提供

人在新疆時開始留鬍子。一方面是懶，再來是想入境隨俗，結果畫虎不成反類犬，看來我好像不太適合走這個路線。
當我抵達中國最西邊的城市喀什，已經是十一月下旬，氣溫常常降到零度以下，為了保暖，我在大巴扎旁邊的攤子
買了個毛帽，殺價後才人民幣二十五元。我喜孜孜地戴著逛大街，沒想到竟然有意外的效（笑）果。
怎麼一直有妹對我笑啊！？有回眸一笑，有抿嘴一笑，更多的是噗嗤一笑。
大家都知道，如果你想把妹的話，只要逗她笑出來大概就贏一半了。我這瘸腳的鬍子加上山寨毛帽在當地竟然變成
無敵的把妹利器啊！我連話都沒講對方就笑了，而且是攻擊範圍超廣的地圍武器啊啊啊！
週末去逛當地最大的牲口交易市場時，一個老爺爺看了也一直笑不停，問他為啥這麼好笑，他不太會講普通話，但
還是一直笑，我問他能不能和他合照一張，他笑著點頭。
大家看看，真的有這麼好笑嗎？

QR code map
——————————

到了喀什，遊玩了一兩天，終於有時間（和體力）上街賣唱了。投宿的青年旅舍旁邊，就是中國最大的清真寺：艾提朵爾清真寺，前面有個大廣場，人群熙來攘往，不如就在這吧！但已經好久沒唱歌了，先練習一下好了。於是我拎著吉他到廣場邊上試著唱幾首歌，才一下子就有兩個可愛的小女孩蹲在我前面，看著她們的笑容，我覺得如果一整天的聽眾就只有她們，我也要盡力唱給她們聽。於是我唱了幾首歌之後，人潮也越來越多，本來的練習變成正式開唱了。雖然唱了沒多久就被警察趕走，但還是賺了二十幾塊人民幣，夠我去買幾串羊肉串。

愛丁堡

約克

利物浦

渥夫漢普頓

阿姆斯特丹

樸茨茅斯　倫敦

巴黎

EUROPE

QR code map

掃瞄 QR code，體驗修修的旅程。

林宜德 製圖

聖彼得堡

塔林

Start

莫斯科

里加

維爾紐斯

柏林　波茲南

華沙

特爾古穆列什

布加勒斯特

Continue

伊斯坦堡

111

TuleTulemine

入境檢查的小姐用放大鏡看了我的護照幾眼，微笑問我：「你的目的地是哪？」
我說：「我要經過波羅的海三國、波蘭、德國、法國，一直到英國。」
她點點頭，在鍵盤上打了一些字，不一會兒，就把護照還給我。

我跟她說了聲謝謝，心裡很疑惑，咦，就這麼簡單啊？
經過海關行李檢測區時，一位綁著馬尾、臉上有些雀斑、高高瘦瘦、看起來很年輕的女生跟我說：

「哇，你騎腳踏車啊？有這麼多行李！」
「對啊，真的超重的，我需要把行李全部拿下來，一件一件過X光機嗎？」我露出愁苦的表情。
小女生歪頭想了一下，笑著對我說：「沒關係，不用！喔對了，你有帶奶類製品嗎？」
「沒有！」想起昨天在超市買的那包東西，根本看不懂上面的俄文寫什麼，就當它是一般果汁吧。
「那好，這樣就可以了！歡迎來到愛沙尼亞，祝你的旅途一路順風！」小女生用

最燦爛的笑容送我過海關。

雖然外面下著小雨，但我的心情是極好的，想起一個小時前，辦理俄羅斯出境時，出境檢查的俄羅斯大媽板著一張臉，眼神一直在我的臉和護照上游移著，什麼都沒說，就拿著我的護照走了，把我一個人晾在一邊。

我當時簡直傻了，這是什麼情況？我要被送去西伯利亞勞改了嗎？我不要啊啊啊！過了二十分鐘，有位男性官員出來了，他也不太會講英文，比手畫腳要我把所有的行李拿下來，讓他一個一個檢查（我是要出境啊大哥，有需要這麼嚴格嗎？），之後又指指我的臉，再指指我的護照，然後搖搖頭，意思好像是說我和護照長得不太一樣（雖然我是滄桑了點，但還沒有到辨認不出來的地步吧？）。總之折騰了快一小時，他們才肯蓋上出境章讓我過關。

我將腳踏車牽過俄羅斯和愛沙尼亞的邊境納爾瓦河，映入眼簾的是高大的城堡，這是愛沙尼亞的第三大城——納爾瓦，自古就是個軍事重鎮。十四世紀丹麥統治愛沙尼亞時，在這裡建了要塞，後來被俄羅斯佔領，之後瑞典人又來打跑俄羅斯，然後俄羅斯又殺回來……很悲催的愛沙尼亞就這樣被這些歐洲強權蹂躪了幾百年。

但現在完全是不一樣的光景了啊，才過了一條河，那種獨裁和民主，封閉和開放的對比竟然如此強烈，很難想像它們二十年前還是同一個國家。

我騎在和汽車道完全分離的自行車道上，一個告示牌清楚地讓我知道三百公尺後有個露營區，我竟然有種想哭的感覺。想起幾個禮拜前在俄羅斯時，不是睡公車站牌，就是睡在像命案現場的廢棄空屋，馬路上完全沒路肩，被迫要一直和開得超快的汽車爭道，有次還真的被一台小客車擦撞，幸好菩薩保佑，沒什麼大礙。

而這一刻，我完全可以放鬆身心，好好享受純淨的空氣和田園風光，微風徐徐，氣溫大概只有十幾度，這是我從出發到現在，覺得最舒服輕鬆的一天。

我沿著一號國道往西走，納爾瓦市區街道整潔，超市、商場林立，幾乎沒有超過十層樓以上的建築，整個市容看起來非常寬敞，沒有壓迫感。可能因為今天是星期日，大部分的商店都沒開，路上的人車不多，騎著腳踏車相當愜意。

出了市區後，四線道變成兩線道，但是五星級的雙線腳踏車道依然存在，經過了中國和俄羅斯折磨的我，現在幾乎是以一種想要跪下來的姿態騎車（跪下來是要怎麼騎啊）。我查了地圖，大概在六十公里外，有個靠近海邊的露營區，加上早上在俄羅斯的七十公里，總共一百三十公里，是個滿不錯的騎乘距離，不如今天就到那邊露營吧。

我離開主幹道，右轉進入小路，先是經過了一些別墅和農莊，後來到了北端的濱海小路，終於看到了海，這還是此次旅行的第一次呢！聽著海浪的聲音，我超級開心，這想必就是芬蘭灣吧。沿著濱海小路騎了一會兒，就到了目的地。

營區門口有個很大的停車場，旁邊有個像是咖啡廳的建築。這時雨越來越大，氣溫也降到十度以下，於是我把車停在門外，推門進去。一陣暖意迎面撲來，我的眼鏡一下子就起了霧，先找個舒服的角落坐下，把隨身行李放著，到櫃檯點了一杯咖啡和一個雞肉捲。顧店的姐姐竟然會講英文！而且竟然還可以用信用卡結帳！我今天第二次有想哭的感覺。

她很熱心地帶我去認識一下環境，說我可以在後面的大草坪露營，一晚只要四歐。原來這裡也有guesthouse可以住，還有獨棟的小木屋，只是最便宜一晚也要三十歐，我就打消了這念頭。她又帶我到guesthouse一樓的浴室，只要投一歐就可以使用。喔喔喔熱水澡啊！我先是覺得有點貴，但掙扎了一下就屈服了，在這樣濕冷的天氣，我又已經兩天沒洗澡，淋雨又流汗的身體又濕又黏，這時候沒有什麼比洗個舒服的熱水澡更吸引人了。

我洗完澡後，趁雨勢變小，趕緊把帳篷搭好，然後把潮濕的行李拿進咖啡廳，將家當全部拿出來，以一個爆炸性的姿態散落在各地，再把超過十樣的電子設備全

部拿出來充電，愜意地邊喝著咖啡，邊上網計畫之後的行程。這就是腳踏車旅行中，每天最期待的小確幸啊。

隔天起床，天還是陰陰的，整個帳篷都濕了，看來昨晚還是下了滿久的雨。我稍微收拾一下行李，把帳篷拿到咖啡廳外面的木製桌椅上面攤開風乾，悠閒地吃著早餐。

這時原本空蕩蕩的停車場開始有汽車停進來，而且車上幾乎都有腳踏車，我想應該是當地人一般的假日約騎吧（當天是仲夏節）。沒想到人越來越多，他們身上穿的不是專業的車衣，而是統一的藍色T-shirt和普通長褲，有個阿姨還穿著花花的長裙。看不到專業的競速公路車，絕大部分都是通勤的淑女車，很多車子看起來經過了精心裝飾，有的籃子上掛滿了花，很多還有插上國旗。

插滿旗幟的車隊。

這陣仗應該不是普通的約騎，看起來像是慶典。人越聚集越多，一位穿著反光背心，戴著圓盤帽和墨鏡的大媽，拿著擴音器開始宣布一些事情，當然我一句也聽不懂。我越來越好奇了，這到底是什麼樣的活動？看起來陣仗很大啊。但今天還有路要趕，沒辦法留下來一探究竟。

我一邊收拾行李，把車袋和背包全部掛上車綁好，正當我做著伸展操時，一位穿著黃色上衣、頭綁白色小花圍巾、戴著細框眼鏡、年紀看起來可以當我奶奶，身材有點發福的女士，走過來問我：

「早啊年輕人，你在做什麼呢？」
「我在拉筋呀，準備出發了，趁還沒下雨！」
「你從哪裡來的？」
「台灣！」
「哦！從很遠的地方呢！等等我們這裡有個活動，要不要一起參加啊？」
「是什麼樣的活動呢？」
「等等會有一隊人帶著火把過來，然後要交給我們，我們會再傳遞下去，像是奧運那樣，這是我們傳統的活動，相當有意義哦。」
「喔喔喔有火把會來耶，好耶好耶！」我一聽眼睛都發亮了。

我想，遇上當地的活動也是難得，就留下來瞧瞧好了。多認識這個世界，不就是我這趟旅程的最大目的嗎？一直趕路就太沒意思了。

於是我就繼續等著，趁機東拍西拍，我發現參加這活動的人遍布所有年齡層，從七八十歲的老爺爺老奶奶，到還不會走路的小朋友，甚至狗狗都一起來了，看起來是個全民運動。其中一位指揮者把大家聚集到旁邊的空地，圍成一圈唱歌跳舞，看起來像是在排練，隨著時間接近中午，人也越來越多，還有拿著攝影機和相機，看起來像是記者的也都來了。

過了十二點半，聖火隊終於來了！和我們這隊不一樣，他們全隊穿的是紅色的

T-shirt，我趕緊拿著相機衝到前面去拍照。大家不斷鼓掌歡呼歡迎他們，帶頭的是輛兩人坐的三輪協力車，車上插著一把超大的火炬，隨後的車上插了很多面大旗，當然包括了愛沙尼亞的國旗。

車隊停了下來，領隊將火炬取下，當他點亮我們這一隊的火炬時，現場歡聲雷動，接著大家圍成一圈，把剛點著的火炬一個人交給另一個人傳遞下去，我想應該是代表薪火相傳的意思吧。

剛剛的阿嬤向我招招手要我也過去。「咦？我也可以嗎？」「當然可以啊，趕快過去卡個位置！」於是我也接過了火炬，然後傳給下個人，超開心的。

傳承儀式完成後，大家又開始唱歌跳舞，剛抵達的這一群人，也唱著剛剛這邊排練過的旋律，還有一把很奇特的八弦吉他伴奏，我猜可能是愛沙尼亞的傳統民謠吧，幾乎每個人都琅琅上口，我們這隊穿著藍色的就圍成一圈，跟著旋律唱跳，氣氛相當歡樂。

這時有位看起來像記者的先生，拿著麥克風跑來問我，願不願意接受採訪，我說當然沒問題啊。他叫作尤利，先問了我的名字，我說我叫修修，來自台灣。他接著問道：

「修修，你騎了多久了？」
「大概半年吧，我去年從台灣出發，經過中國和俄羅斯到了這裡。」
「你一天大概騎多長距離？」
「大概八十到一百公里吧，要看天氣狀況、路況，還有我的心情，科科。」
「什麼最會影響你的心情？」
「天氣！當然還有車況。」我想起在俄羅斯M10公路的可怕經驗。
「你接下來怎麼計畫？」
「我大概會待在塔林幾天，看看古城，然後前往拉脫維亞、立陶宛、波蘭，然後繼續往英國前進。」

我也接過聖火了！

「你覺得這些拿著火把的人怎樣？」

「這真的太棒了！大家一起騎車、唱歌、跳舞，我很開心能參與其中！」

「你們在台灣有這樣的活動嗎？」

「嗯，有類似的，但是氣氛不同。」我腦中浮現的是媽祖遶境。

經過尤利的說明，我才知道這幾天是愛沙尼亞最重要的傳統活動，舉世聞名的「歌詠節」（Song Festival），愛沙尼亞語是Laulupidu。

愛沙尼亞人從幾千年前開始就愛唱歌，雖然人口稀少，至今也才一百三十萬人，但流傳下來的民謠數目是世界上數一數二的。也因為這裡地理位置險要，自古以來就不斷被外族侵略及統治，而他們保有自己傳統文化和民族意識的方法，就是透過唱歌。十九世紀後，隨著教育漸漸普及，愛沙尼亞開始發展出自己的文學、戲劇等，更誕生了後來的民族覺醒運動。

歌詠節是1869年由約翰‧弗德馬‧楊森（Johann Voldemar Jannsen）發起的，他是記者和詩人，愛沙尼亞國歌就是他寫的。這活動一開始只有八百多個人參加，1879年舉辦第二屆後，決定往後每五年舉辦一次，結果參加人數一屆比一屆多，現在每屆都會有將近三萬人參加。他們會從全國各地聚集到首都塔林，齊聲歡唱，歌頌他們的國家。

我遇到的這一群人就是正前往塔林途中，只是他們覺得坐車或坐飛機太快了，所以發起了這個活動：TuleTulemine。Tule是火的意思，Mine則是去，顧名思義，就是帶著火向前走的意思啦！他們每屆都用不同的交通工具環繞愛沙尼亞一周，傳遞火炬，再抵達首都塔林，聽說之前還曾騎馬、坐船，今年剛好是騎腳踏車！

我隨著大車隊一起往前騎，一路上路邊的居民熱情地揮著國旗，招手歡迎我們，我們也用腳踏車鈴鐺來回應。因為車隊佔了大部分車道，後面的汽車常會大排長龍跟在後面，我們得定時停下來，好疏通後面的車陣，當汽車經過我們時，也同樣給我們熱情的加油聲。

騎了五、六公里後，我們到了下一個定點，同樣也是有一群人等著接火炬，還有歌舞表演，有個小女生拿著一盒巧克力到處發放，我拿了一塊在旁邊休息看表演的時候，尤利跑來問我：「你還背了一把吉他耶，我們這是歌詠節，等一下你要不要為大家唱一首台灣歌啊？」「我我我……」果然，我背上的吉他實在太顯眼了，該來的還是會來。但我害羞了三秒鐘就答應了，這是介紹台灣的大好機會耶，怎麼可以退縮！唱哪首歌好呢？〈美麗島〉太悲壯了，這種歡樂的時候，當然還是唱我的招牌曲，林強的〈向前走〉啦！

我連忙把相機和攝影機準備好，請旁邊的鄉民幫我拍攝，有一位伯伯自告奮勇要幫我牽著車，沒想到車子太重，他一接手過去就倒了。我幫他把車扶起來，跟他笑笑地說沒關係，反正我也常摔。

上一個表演團體結束了，尤利示意該我了，他把我帶到場地的中間，拿著麥克風訪問我：

「跟大家說你來自哪裡！」
「我來自台灣！」我大聲地說道，現場響起掌聲和歡呼聲。
「你今天來到愛沙尼亞最重要的歌詠節，想要唱什麼歌給大家聽呢？」
「我要唱一首台灣歌，叫作〈向前走〉（Moving Forward）。這首歌講的是一個鄉下的年輕人，為了要去看看更大的世界，離鄉背井，不畏艱難努力向前的故事，就好像現在的我，所以每當我唱起這首歌，它都能帶給我力量。」

大家又是一片掌聲。這時有位正妹記者幫我拿著麥克風，我深呼一口氣，輕輕地刷起了前奏，開始唱：

「火車漸漸欲起行，再會我的故鄉和親戚，親愛的父母再會吧，到陣欸朋友告辭啦……

喔～蝦咪攏毋驚！

大家圍成一圈，一起哼唱，隨著我的旋律搖擺。

大家圍著我形成好幾個圈圈，隨著旋律搖擺著。

「我欲來去全世界打拚，聽人說蝦咪好康欸攏底那，朋友笑我是愛做暝夢欸憨子，不管如何路是自己走……

到了副歌的時候，我的節奏慢慢的加強，大家也回應著我，有的肩搭著肩，左右擺動身體，有的一邊拍手打節奏，一邊跟著我哼著旋律，即使他們根本聽不懂我在唱什麼，音樂是世界共通的語言，真是一點也沒錯。

「喔～再會吧！喔～蝦咪攏毋驚！喔～再會吧！窩嗚喔～向前行！」

當我刷下最後一個和弦時，現場爆出如雷的尖叫聲和掌聲！我心裡OS：「阿母，我終於出名了！而且是在國外啊！」雖然騎腳踏車旅行超級累，但就是因為這種旅行方式，常常會發生奇妙的事情，或認識奇妙的人，這就是腳踏車旅行迷人的地方。

當我在收拾吉他的時候，尤利跑來跟我說：

「唱得很好啊，修修！你知道嗎？我們剛剛是Live耶！你的歌聲剛剛透過電視傳到全國各地了。」
我楞了一下，說：「什麼？真的假的！？」
「當然是真的啊，恭喜你變成名人了，呵呵。」

挖哩勒，不早說！早知道至少把太陽眼鏡拿下來，露出我迷人的雙眼，還有髮型也可以稍微整理……算了，想起剛剛我在鏡頭前大聲說出我來自台灣，一切都值得了。

之後上網查了這個活動，赫然看到我的訪問和影片被登出來了！我用Google大致翻譯了一下，注意到文章中的最後面還特別提到，我吉他上面的貼紙，說明了台

灣目前在爭取主權獨立上所面臨的困境。這位記者真的有做功課耶！我吉他上貼了幾個太陽花學運的貼紙，但我明明沒有跟他提到這方面的事情啊！或許是台灣正遭遇他們之前所經歷過的，所以有在特別關心吧。

到了首都塔林後，我努力查了波羅的海三國的歷史，才知道他們過去的處境比台灣艱困不下百倍，人民面對的不只是吃不飽而已，而是蘇聯種族滅絕式的攻擊。1940年開始，蘇聯開始屠殺愛沙尼亞的菁英階層，像是律師、醫生、作家等，之後把大量的人民送往西伯利亞勞改，再把大量的俄羅斯人送進愛沙尼亞，從教育、媒體各方面進行洗腦。（怎麼既視感這麼強烈？）

他們人數只有區區的一百萬，沒有錢，沒有軍隊，他們有的，真的只是祖先傳下來的語言，文化，和一首一首的歌謠而已。於是在這不見天日的五十年間，不只是五年一次的歌詠節，從1987年開始，幾乎每年都有盛大的音樂聚會，動不動就有超過三十萬人參加，這可是超過總人口的四分之一啊！蘇聯你武力再強，你動得了這些人嗎？就像是《功夫》裡面的台詞：「就算殺了一個我，還有千千萬萬個我！」

於是當蘇聯自己出問題了，愛沙尼亞就順勢舉辦公投，以極高的投票率和贊成率宣布獨立。

這就是有名的「歌唱革命」（Singing Revolution）。我看了他們的故事，全身起了雞皮疙瘩，對愛沙尼亞的景仰，真有如滔滔江水連綿不絕，又有如黃河汜濫……好啦，反正就是崇拜到五體投地。用唱歌來完成革命，這根本是漫畫才有的情節吧？

和同旅舍的一個瑞士年輕人聊到我的奇遇，他對我說：

「如果你對這段歷史這麼有興趣，我推薦你拉脫維亞首都的『被佔領時期博物館』（Museum of Occupation）。它是我最喜歡的博物館之一，外表看起來像個

黑色的大火柴盒，和旁邊的中世紀建築有很強烈的對比。每當下雨的時候，那沿著漆黑牆壁流下來的雨水，就像是上天為那個悲慘時代所流的眼淚。」

我連忙筆記。

「喔對了，你應該是沿著『波羅的海之路』（Baltic Way）騎吧？」
「咦？那是什麼？」
「你不知道嗎？波羅的海這三個國家的人民，在1989年舉辦了一個活動，他們從塔林開始，手牽手形成一條人龍，經過里加一直延續到維爾紐斯，總長六百公里，目的就是向蘇聯表示獨立的決心！這場活動幾乎有兩百萬人參加，佔了總人口數四分之一！」
「什麼！？」我完全被嚇傻了。
「很驚人對吧？很難想像他們怎麼辦到的，尤其那時候手機還不普及，大部分的人都是用無線電和收音機來聯絡，就能完成這樣的壯舉。」

我似乎想到了一件事情，對，就是我在當兵那年的時候發生的二二八牽手護台灣，上網一查，果然這個活動的靈感就是來自於波羅的海之路。

看了地圖，我本來就會經過拉脫維亞首都里加，只是維爾紐斯稍微偏離了方向，不在我的計畫當中。但是既然知道了這件事情，那就非去不可了，雖然要多騎將近一百公里，但就當作是向這三國勇敢的人民致敬吧。

QR code map

像個黑盒子的被佔領時期博物館。

波羅的海
之路

從愛沙尼亞首都塔林往里加的途中,我住在一個家庭式的民宿。民宿的主人是個戴著黑框眼鏡的媽媽,大概五十歲左右,笑起來很慈祥。我跟她說我從台灣來,現在想要沿著當年的波羅的海之路走一次,順便問問她當年有沒有參加。

「我那時候在澳洲念書,不過每天都在注意國內的消息,那時候的情勢真的很緊張啊⋯⋯」

「對啊,我真的很佩服你們耶,面對這麼強大的蘇聯,你們又沒有武力,還敢這樣站出來對抗。」

「我們愛沙尼亞人啊⋯⋯」她頓了一下,繼續說:「就是很能忍受,但是一旦忍無可忍,就會站出來的。

「不過,還好我們當時宣布獨立時沒有發生血腥衝突。立陶宛就沒那麼幸運了,當年蘇聯的坦克就這麼開進去⋯⋯」

騎在這條當年用人串起來的路上,其實心裡是很震驚的。這三個國家的面積加起來,幾乎是台灣的五倍,而當年的人口只有台灣的一半不到。從城鎮到城鎮之間,短則十幾公里,長則二三十公里,這中間大多是沒人居住的森林或田野,真的很難

想像，在那個沒有手機的年代，他們是如何聯絡和調度，完成這個壯舉的。

我在里加住的青旅就在那間被佔領時期博物館旁邊，我隔天一早就去參觀，看完之後心情無比沉重，但隨即對這三國的人民佩服到五體投地。

博物館展示的是從1940年到1991年，拉脫維亞先後被蘇聯和德國入侵的悲慘過去。第一次世界大戰發生後，蘇聯在1940年趁亂併吞了波羅的海三國，之後施行恐怖統治，有計畫地逮捕和殺害當地的菁英分子，把有生產力的人都抓到西伯利亞的集中營去。

隔年納粹德國來把蘇聯打跑了，拉脫維亞人更倒楣了，尤其是境內的猶太人，幾乎遭到種族滅絕式的屠殺。其他被抓去從軍的，送去集中營的，戰死或者病死的人數加起來，竟然多達五十萬人，這是全國人口的四分之一，而且都是青壯年啊⋯⋯

二戰結束後，德國戰敗，波海三國又落入了蘇聯手裡，當地人民被抓去勞改的，變成難民逃往西方世界的，逃不掉留下來病死的，不計其數。蘇聯還不斷把俄羅斯人移民到這三國，試圖降低他們的主體性。他們悲慘的命運持續到了1991年，終於趁著蘇聯垮台，舉辦公投，以極高的投票率和贊成率（都是七、八成），宣布獨立，並且加入聯合國。

他們當時沒有軍隊啊！他們面對的是實質上的統治者，世界第二強權蘇聯啊！他們和莫斯科中間沒有隔個海峽，蘇聯的坦克隨時可以開進這三國啊！在這種處境下還能成功獨立，實在是太了不起了。

我參觀完博物館之後，和剛剛一位導覽的志工男生聊了起來，他頭髮捲捲的，微胖，戴個細框眼鏡，看起來像是整天打電動的阿宅。我問了他一個心裡最想知道的問題：

「請問一下，當年你們宣布獨立的時候，俄羅斯人的比例已經到達三成五，那他們

是贊成獨立還是反對？」

「其實你看當時投票的比例就知道，還是有很多俄羅斯人是支持拉脫維亞獨立的，像我就是俄羅斯人啊，但是我在這裡出生，認同這塊土地和生活方式，當然贊成獨立囉！」

我聽了很感動，跟他說：「你知道嗎，我來自台灣，其實台灣現在正面臨著和你們當時類似的困境呢！你們的故事真的相當令人振奮！」

沒想到他很驚訝地說：「咦？我以為台灣就是中國的一部分耶，是比較富有和進步的一區，而台灣似乎也對這個情況沒意見？」

「不不不，你誤會大了……」我連忙把真實情況和他解釋清楚。

「哦！謝謝你跟我說，我以前還真不知道……」他想了一下，問我道：「對了，我怎麼好像從來沒有看到有人為台灣的狀況發聲呢？」

「可能是因為中國的打壓吧，他們太強了，又一直壓縮台灣的國際空間……」

「這的確是很大的問題，如果台灣有個像達賴喇嘛這樣的人就好了，你看他這樣世界各地到處演講，所以沒有人不知道西藏的處境。」

「但是西藏比起台灣更不樂觀啊……」我們都無言了。

我隔天繼續往立陶宛騎去，一路上我一直在想一件事情：到底台灣接下來的路要怎麼走？到底誰能成為台灣的達賴喇嘛呢？往南騎了三百公里，來到了立陶宛的首都維爾紐斯。

這真是個令人驚喜連連的一個小城市，尤其是老城區裡的「對岸共和國」（Republic of Užupis），這是一個被河圍繞起來的小區域，在立陶宛宣布獨立後，這裡本來是一個流浪漢、妓女和嬉皮出沒的地方，後來他們大概覺得，這裡的生活方式和其他地方實在太不同了，乾脆宣布獨立好了。

於是1997年四月一號（真幽默），對岸共和國成立了。居民總共七千人，大概有一千人是藝術家，他們甚至有自己的國旗（每個季節會換不同顏色）、憲法、總統、議會、貨幣和軍隊。軍隊！？沒錯，一開始成立時，他們真的編了一支十一人的軍隊，但後來立陶宛加入北約後，就撤掉了。

他們還有一部自認傲視全世界的憲法，所以將憲法翻譯成十種語言，公布在街上，吸引認同他們的人移民過去，這裡摘錄幾條：

每個人都有權去愛以及照顧一隻貓。（很好。）
每個人都有權去照顧一隻狗，直到牠死去。（很好的觀念。）
一隻狗有權成為一隻狗。（什麼鬼！？）
一隻貓沒有義務去愛牠的主人，但是主人有困難的時候必須幫助他。（貓果然永遠是上帝啊！）

走在對岸共和國的街道上，五花八門的塗鴉和壁畫是基本款，隨便一個轉角，都可以看到奇怪的雕像和裝置藝術，到處都有創作者的巧思，令人驚喜連連。

我一直在想，這裡的存在，是不是也是對現代主權國家的一個諷刺？如果是在古代，這裡的人們既然有共同的語言、文化、生活方式，也有大家認同的領導者和行政組織，他們完全有條件成立一個真實的國家啊！

下午和同旅舍的伙伴一起去參觀KGB博物館，再次複習了波海三國悲慘的命運。其中有個展示我看了很有感覺，這是幾幅小朋友的畫作，想像一下：在寒冷荒涼的西伯利亞，有些父母在每天長達十幾個小時的勞動之餘，還不忘教導他們小孩自己的語言、歷史，跟他們的小孩說，家鄉是遠在幾千公里以外的地方，那裡充滿綠意，到處都是森林、草原，一筆一筆教他們把家鄉畫出來，希望有生之年能夠回去。

回旅舍的路上，看到廣場架了個大型舞台，我還以為是演唱會或是表演，靠近一看，不論台上台下，男女老幼，大家聚在一起隨著音樂跳舞，唱著他們的傳統歌謠，一問之下，這幾天也是他們的歌詠節！我看著看著不禁笑開了，在每一首曲子完畢的時候，用力為他們鼓掌喝采。我真心為他們感到開心，這群人值得擁有並且慶祝得來不易的民主和自由。

本來預計隔天就要離開維爾紐斯往華沙前進，但前一晚同房間的屁孩喝到三四點才

回來，回來後又在那邊發酒瘋，大吵大鬧弄得我無法入睡。一早起來精神很差，心情也不美麗，一直拖到下午兩點才很不甘願地把車推出去。

出門一看，當地居民都換上了傳統服裝，在街上唱歌跳舞，演奏樂器。我乾脆找間店點了杯啤酒，坐了下來，今天老子不走了，why so serious？看了好多即興表演，有個手風琴雙人組，演奏著當地傳統歌曲，還來了個路人亂入同樂，有老爺爺奶奶們的合唱團，其中一位老奶奶在間奏時會吹奏一個奇特的笛子，聽起來像鳥叫。整個城市充滿音樂和舞蹈，超級歡樂。

然後我聽到了手風琴的聲音，是我最愛的探戈！順著音樂聲看過去，一個金髮正妹正在忘情地演奏著，看她投入的模樣，我知道她是真心喜歡這音樂，她是我這次旅程到目前為止看過最棒的街頭藝人了（當然不是因為她正）。她演奏完後，我給她熱烈的掌聲，也不禁把皮包裡的零錢全部掏給她。

下一首曲子是輕快的舞曲，這時來了一對母女，媽媽試著帶領小女孩一起隨著音樂起舞，還一邊跟她說：「對，就是這樣，伸展妳的身體！」

看到這樣美麗的畫面，我不禁把相機拿起來，瘋狂按下快門。這時有個高高的老先生，戴著遮陽帽，也聽得入迷了。他情不自禁的喃喃自語：「精采，實在太精采了，可能連她自己都沒有意識到，她的演出是如此的精采！」

我聽了大感認同，曲子結束後，他也丟了一堆錢，我走過去和他說道：「先生，你也喜歡探戈嗎？」
「喜歡啊，哇，年輕人，你在單車旅行啊！」

「是啊！我從台灣出發的！」於是我把出發到現在的經歷大概和他說了一下。
「相當令人欽佩！年輕人，你知道嗎？你正在做一件很了不起的事，是很多人一輩子的夢想呢。」

她就是音樂，她就是探戈。

他把皮包拿出來，翻了一下，說：「啊，太好了，還剩最後一張，來這邊參加研討會發得差不多了。」

然後他拿了一張名片給我，我接過一看，這位先生竟然是哥倫比亞大學傳播系的教授！

他繼續說：「我這一陣子在中國教書，所以滿了解台灣和中國的狀況，中國還是咄咄逼人啊……」

「是啊……倒是您在中國教新聞？這……會不會有很多禁忌啊？」我裝了個鬼臉。

他苦笑道：「的確是有一些紅線不能跨越啦，哈哈。」

我也跟他聊到我這幾天認識的很多波海三國的歷史，深深覺得很值得台灣學習，但也覺得很喪氣：其他國家的人好像都不太知道台灣的處境，從國際上得到的聲援不多，台灣也沒有一個像達賴喇嘛一樣的人，四處奔走，試圖獲得國際輿論的支持。

他說：「你不就正在做這樣的事情嗎？」

「我？」

「對啊，你剛剛正跟一個外國人講了台灣的故事，不是嗎？」教授笑咪咪地說。

「咦，對耶！或許這就是我這趟旅程的任務之一，把台灣的故事說出去，讓更多人認識台灣！」

「這是一個很棒的任務喔！」教授鼓勵我道。

隔天離開維爾紐斯前，我特地繞到了波羅的海之路紀念碑，幫我的腳踏車和紀念碑照了張相。這是一面由立陶宛的國旗色，黃、綠、紅三種顏色的磚頭砌起來的牆，牆中有許多鏤空的人形，象徵著當年站出來向強權說不的人們。

我看著這道牆，心想：接下來是我們站出來的時候了，或許第一件事情，就是人人都變成台灣的達賴喇嘛，一有機會，就要向世界介紹台灣，說台灣的故事——然後我們自己要堅定立場，站穩腳跟，等到時機來臨時，我們要再一次的牽起彼此的手，共同決定我們的命運。

QR code map

波羅的海之路紀念碑,維爾紐斯。

醉漢騎士

一個畫面吸引了我停下車。

我在這一望無際的森林和田野，已經連續騎了五、六個小時，腦子裡從空空如也，到開始浮現出晚上想吃的食物，開始計算從現在到太陽下山，還有多長時間，開始計算以我現在的速度，能不能在天黑前到得了。除非是泰山崩於前，不然我是絕對不會輕易停下車的。

但我真的被這個畫面深深吸引住了：一匹駿馬在碧綠的草地上漫步著。牠的鬃毛是銀白色的，柔順地披在棕色的脖子上，牠這時甩著尾巴，啃食著新鮮的嫩草，下一刻就拔起狂奔，前腿肌肉雄雄地鼓起，似乎有無窮的精力可以揮霍。我真的覺得馬是世界上最美的動物了，牠溫馴卻又強悍，優雅又充滿力量，如果我現在騎的是一匹真的馬，那該有多好啊……

我趕緊把自己從白日夢中拉回來，我今天的目的地是立陶宛西南方的梅特萊生態公園（Meteliai Regional Park），那裡有三個湖泊，也有很多營地，在湖邊露營，喝著啤酒看日落，是一件多麼愜意的事情啊！但如果我再不趕緊繼續前進，不要說夕

陽了，能不能在天黑前到得了，都是個問題。

果然，在距離營區十幾公里前，天已經完全黑了。我對公園的路況一無所知，不知道沿途會不會有危險的野生動物，就算摸黑到了，在漆黑的湖邊露營，一點意思都沒有，就打消了這個念頭。那今晚睡哪好呢？看到路標，前面不遠處就有個小鎮，不如去那裡看看吧。

我離開主要道路，左轉進了小鎮，才晚上八點多，整個鎮子好像睡著似的，所有店家都關起來了。這裡照明設施少得可憐，隔好長一段距離才有一盞昏黃的路燈，經過一些民宅的時候，狗吠聲劃破了夜晚的寧靜，催促我趕緊離開。我依稀看到右前方有個廣大的草皮，心想如果真的找不到地方住，或許可以在這裡搭帳篷，隨便過一晚，但又覺得不妥，因為實在太顯眼了，搞不好睡到一半會被民眾檢舉，或者被喝醉的屁孩騷擾，那就麻煩了。

繼續往前騎，終於看到有棟建築物，似乎有生命跡象。靠近一看，是間旅館，但大門深鎖，前台的燈也都關了。我下車後，把腳踏車牽進圍牆，聽到裡面人聲鼎沸，有個看起來像是酒吧的地方。太好了，我快餓瘋了，這裡至少應該有賣吃的吧？我把車靠在圍牆上，走過去一探究竟。

忽然從裡面跌跌撞撞地跑出來一個人，和我打了個照面，他高高瘦瘦的，臉頰紅通通，看起來像是喝醉了，剃了個超短的阿兵哥頭，高聳的鷹鉤鼻，深邃且立體的顴骨，看起來一副很不好惹的樣子。

我怯生生地問他：「請……請問這裡是旅館嗎？」我指指旅舍深鎖的大門。
「是啊！你要住房嗎？等一下喔！」他說完，跑過去大力敲門：「嘿，有人在嗎？有客人啊！」
過了一會兒，裡面有位大媽出來應門：「誰啊？」
那位大哥指著我說：「他，是他！」
「請問還有房間嗎？」我問道。

「不好意思，我們今天都住滿了耶，抱歉喔。」大媽說完，就把門關上不見了。

我聽了心裡一沉，怎麼這樣一個鬼地方的旅館也會客滿啊？沒辦法，只好再問問這位大哥有沒有其他選擇了。

「不好意思，請問一下，這附近有地方露營嗎？」
「什麼？露營？」
「對啊，露營。」我比了個帳篷的手勢。
「哦，可是你有帳篷嗎？」
「有啊，」我指指我的腳踏車：「我的行李都在那邊，帳篷睡袋都在裡面。」
他看了，好像發現什麼珍奇異獸似的，很興奮的對我說：「這腳踏車是你的？」
「對啊，我現在正在騎腳踏車環遊世界……」我照例把先前走過的路線簡短介紹一次。
他一聽更興奮了，也不知道是不是因為喝high了，他用一種極狂熱的神情對我說：「天啊！你真是我遇過最瘋狂的人！我一定要把你介紹給我朋友認識！」然後他就跑回去酒吧裡了。

過了一會兒，他帶了幾個醉漢和幾個沒那麼醉的女生出來。

「來，大家來見一下我剛剛認識的朋友！他是台灣來的，叫作……」
「哈囉大家好，我叫修修……」
我話還沒說完，那位大哥接著說：「你們看！那台就是他的腳踏車！他在騎腳踏車環遊世界！窩呼！多瘋狂啊！」
大家一起為我喝采了起來：「喔喔喔好酷喔！」「窩哦哦哦太強啦！」可能大家都醉了吧，這歡呼聲也未免太誇張了。
等大家稍微安靜下來，那位大哥開始跟我自我介紹：「修修，歡迎你來到這個小鎮，我叫作鄧吉，他是我最好的朋友亞當，」他拉了一個金髮，壯壯的男生過來，繼續說：「今天我們在慶祝他研究所畢業！」
「恭喜你，亞當，很高興認識你。」我向亞當伸出手。

「謝謝，也很高興認識你，修修！」亞當熱情地握住我的手。

鄧吉繼續說：「在這個開心的日子，又認識了你，實在太值得慶祝啦！我一定要跟你喝一杯，你喝什麼酒？」

哇，來了，我之前遇過一兩次這種場合，都喝得超慘的，波羅的海這幾國的喝酒文化和俄羅斯很像，就是拿伏特加直接乾，然後再配上一口果汁，用來中和伏特加的辛辣味，我隨便乾個幾輪就掛了。今天騎了一百三十幾公里，身體每個細胞都在渴望能量的補給，這時候保證一杯就掛。我趕緊求饒道：

「鄧吉，我騎了一整天車，想先吃點東西……」

「好！你等一下……」我話還沒說完，鄧吉又搖搖晃晃地衝進去，然後拿了一盤食物出來。

「來，你先吃！」

我看盤子裡裝了些義大利麵、香腸、雞肉等，我實在太餓了，說了聲謝謝，就埋頭苦吃了起來。

「所以你現在在找住的地方嗎？」亞當說。

「對啊，我只要有個草地能讓我搭帳篷就好了。」

「這裡隨便都可以搭帳篷！到處都可以！」鄧吉用一種很誇張的手勢指了指四周。

「真……真的嗎？那在這後面的停車場也可以？」我想睡在圍牆裡面總是比較安心。

「可以！可以……」說著說著，他竟然就趴下來睡著了！這種醉鬼的話能相信嗎？亞當搖了搖他的肩膀，他抬起頭來，亞當在他耳朵旁邊講了幾句話，他點點頭，轉頭跟我說：

「或者你也可以待在我的『穩定』……我是職業的#@$@#%的騎士（rider）……我的『穩定』就在附近，你只要從前面那條路出去，過大馬路後，再往前繼續走一下，就會看到左手邊有個看起來像是『穩定』的屋子，然後你就直接推門進去，門沒有鎖，你進去之後就可以像國王一樣為所欲為啦……」

「啊？」我聽得一頭霧水。

「反正就是#$@%$@#……」他又重複了一遍剛剛的胡言亂語，我完全聽不懂，「穩定」是什麼鬼啊？我可不想因為聽從一個醉鬼的話，誤闖民宅被逮捕啊。我看還是拒絕他，隨便找個地方過一夜好了。

「呃……謝謝你的好意，但夜深了，我可能會找不到方向耶……」

「啊，很簡單的啦，我跟你說……」他邊說著，邊往門口搖搖晃晃地走過去，沒想到走沒幾步路就摔倒了！

我和亞當一驚，馬上過去扶他起來，讓他趴在剛剛的位置上。這時亞當叫我等一下，走進酒吧，過了一會兒，他和一個金髮女生走出來。這個女生也是又高又瘦，修長的身材，古銅色的皮膚，看起來像個運動員。

「哈囉你好，我叫朵拉。」

「我叫修修，很高興認識妳。」

「朵拉會開車載鄧吉回去，你可以騎著你的車跟著她嗎？」亞當說道。

「可以！只要不要開太快的話。」

於是，我就跟著朵拉的車，到了鄧吉住的地方，看起來是個很大的農莊，有倉庫，有大型機具，還有一幢很大的木屋。鄧吉這時候醒了，我下車後，他一句話都沒說，就推了木屋的門進去（門真的沒鎖！），然後就不見了，我想他大概跑去抓兔子了吧。我把腳踏車鎖在門外，朵拉帶我進到客廳，把行李放下。

客廳滿寬敞的，有沙發、冰箱、電視等，朵拉示意我可以睡在沙發上，我本來想問有沒有地方洗澡，但一來不好意思，二來我也累了，就拿了睡袋隨便蓋上，一下子就睡著了。

隔天早上我是被蒼蠅吵醒的，一直不斷有蒼蠅攻擊我的臉部，我賞了自己幾個巴掌之後，就完全沒有睡意了。正當我在收拾睡袋的時候，鄧吉走了進來。

「早安！修修！」清醒的他看起來一臉正經。

「早安！鄧吉！」我心裡暗自慶幸，幸好他還記得我。

「睡得怎麼樣？」

「還不錯！你呢？」

「還好，只是有點頭痛，昨天喝太多了……」他邊揉著太陽穴。

「哈哈哈，對啊，你昨天真的醉了，還摔倒在地上！」

「真的嗎？我一點都不記得了……」

我站了起來，伸了個懶腰，鄧吉把窗簾拉開，讓陽光照進來，我這才有機會四處打量客廳。客廳的牆上掛滿了獎章，還有很多鄧吉騎馬跳躍的照片，難道他是馬術騎師？哦！原來他昨天晚上講的職業騎士是這個意思！

「天啊，鄧吉，這些都是你的馬嗎？好帥啊！」結果今天換我興奮了。

「是啊，我是職業的馬術騎師（equestrian rider）嘛！」原來我昨天聽不懂的單字是這個啊。

「那你的馬呢？」

「就在隔壁啊，你要看嗎？」

「好啊好啊好啊！！！」天哪！我實在太興奮了！

才兩扇門之隔，竟然就是一間超大的馬廄（後來才知道馬廄的英文就是stable，和「穩定」一樣！我英文真的有夠爛），裡面大概有二十間馬舍，朵拉已經在裡面忙著了，一進門，馬上可以聽到馬匹呼吸的聲音，我聞到牧草和馬糞混合的味道，終於知道那些蒼蠅是哪裡來的了。馬兒們聽到有人來了，紛紛把頭探出來，看著我這個陌生人。

「我可以摸牠們嗎？」我問鄧吉。

「當然可以啊。」

於是我怯生生地伸出手，輕輕摸著一匹馬的額頭和臉頰，沒想到牠也不怕生，主動靠近讓我撫摸。

「牠喜歡你喔！」朵拉剛餵完馬，一身勁裝走了過來。

「哈囉早安！妳在這裡工作啊？」

「是啊，我的工作就是照顧牠們，帶牠們出去散步。我還有自己的馬喔！」

「喔喔喔真的嗎？哪一匹是妳的馬？」

她帶我到一匹灰白色的馬前面，說：「這就是我的寶貝。乖寶貝……妳好美喔……」朵拉撫摸著她的愛馬，愛護之情溢於言表。

餵完馬兒吃早餐後，就是晨間散步時間啦，這時候另外一位女孩也加入了「溜馬」的行列，她叫作米塔，還是大三的學生，也是瘦瘦的，綁了個馬尾，因為很喜歡騎馬，所以趁假日的時候來打工。於是她們倆輪流騎上馬廄裡的每一匹馬，帶牠們活動一下筋骨，下午有些馬就會交給鄧吉來訓練。

我就這樣看著她們騎來騎去，不禁看呆了，時間不知不覺就到了下午。咦？我不是早該出發了嗎？算了，急什麼呢？好不容易撞進了一個我夢寐以求的地方，多待一天又何妨？但這裡的客廳實在太難睡了，我問鄧吉和朵拉，有沒有其他可以住的地方。

「對了，你可以去跟那群農場的人住嘛。」鄧吉一邊喝著啤酒一邊說，這裡的人根本把啤酒當水喝了

「農場？聽起來還不錯，怎麼去找他們啊？」

「他們離這邊不會很遠，我剛好等一下要去找他們，可以帶你去喔。」朵拉說。

「好啊！那就麻煩妳囉！那……需要費用嗎？」

「不用啦哈哈，只要你幫他們工作就好了。」鄧吉又喝了口啤酒，繼續說：「但是他們是一群怪人喔，說是要過一種永續有機的生活，所以不吃肉，食物都自己種，現在竟然還自己用泥巴和草蓋房子，你去的話可能就是幫忙蓋房子吧哈哈哈。」

我聽得興致盎然，太好了，我一定要來去會會這些怪人。

「好，帶我去，朵拉我們什麼時候出發？」

「等一下馬上就走，等我先洗個澡換個衣服。對了，我先打個電話，跟他們說你要過去吧。」

朵拉和她的馬兒。

「好……對了，我也可以沖個澡嗎？」我才想到，我從昨天到現在都還沒洗澡。
「當然好啊，我帶你去淋浴間。」

原來二樓就有好幾間浴室和房間，看起來像是給這裡的員工用的。我簡單沖個冷水澡，下樓把行李收拾一下，和鄧吉道別。

「如果覺得無聊可以回來啊，這裡永遠歡迎你！」鄧吉又開了第二瓶啤酒。

QR code map

收留我的鄧吉和朵拉。

桃花源記

朵拉牽著她的腳踏車,問我:「你想要騎馬路還是抄近路?我平常是都抄近路啦,要穿過一片草原。」「抄近路好了。」

雖然我超怕泥土路,但我心想,連她那台普通的腳踏車都能騎得了,我的絕對沒問題。沒想到我錯了——這草原不是普通的草原,是那種你可以輕易毀屍滅跡,草長得比我高的那種草原啊!可能是近日陰雨綿綿的關係,泥土軟爛得完全無法上車騎。我只能勉強保持平衡,用力推車,不時得把擋住視線的草撥開,雙手雙腳都被荊棘和利草畫了好幾道口子。

只見朵拉一派輕鬆地往前越騎越快,偶爾才回頭看看我有沒有跟上。終於通過了這片快成了森林的草原,到了一條小徑,寬度大概只夠一輛車通過,路上布滿大大小小的碎石,我終於可以跨上車騎行,但是依舊不敢大意,這種路最容易打滑摔車了。我好像進入了愛麗絲的夢遊仙境,跟著前方的兔子,到了一個不屬於現實世界的地方。

拐了個彎,好像柳暗花明又一村,出現了許多可愛的小屋。朵拉正在和一位老婆婆

聊天，然後跟她買了幾顆雞蛋，我和老婆婆點頭問好。再走一小段路，朵拉停在一棟房子前面，把虛掩的柵欄推開，說：「這是我家！我拿個東西喔，等我一下。」

「我可以進來參觀嗎？」「當然可以呀！」

哇，這簡直就是我理想中退休後的居住環境嘛，一大片的前院和花園，長了一棵大到可以安裝秋千的樹，可以種花，當然也可以種點蔬菜，只是要預防貓狗們搗亂。推開門進了屋子，木製地板嘎吱嘎吱作響，過了玄關後，左手邊是個開放式的西式廚房，右手邊是個客廳。裝潢和布置溫馨又有質感，感覺一進來就不想出去了。

「我和我哥哥住一起，他現在不在。」
「妳家看起來好棒啊！」
「是啊，你喜歡嗎？要不然你晚上也可以住這裡啊，我的沙發還挺舒服的。」
「嗯，聽起來不錯喔，但還是先請妳帶我去那個農場看看吧。」

於是朵拉又帶著我繼續前進。出了這個小社區，感覺又更深入荒野了一點，再走一會兒，遠遠地看見右手邊有個像是糧倉的建築物，更遠處好像還有房子，煙囱正在冒著白煙。

「就是那裡了，我們到了。」

這，難道我闖進桃花源了？在這遺世獨立的荒野裡，有一棟木屋，和周遭的環境毫不突兀地共存著。旁邊有一堆已經砍好的木柴，再過去有一塊種著不同農作物的園圃，還有許多野生的花草遍布各地，遠處有小孩子嬉鬧的聲音，屋子裡傳來陣陣的香味。

「汪汪汪！」咦？有狗狗耶！我最愛狗狗⋯⋯了⋯⋯
「No! No!」一個甜美的金髮正妹從屋裡跑出來，喝斥著不斷對我狂吠的毛毛狗，她穿著白色碎花小洋裝，臉頰似乎有點曬傷，赤著腳，手上拿了個馬克杯，我不禁

看呆了。

毛毛狗看見她，馬上跑過去黏著她（好羨慕那隻狗！），她看到朵拉，很熱情地打招呼。

「這位是修修，就是我電話裡說的，那個正在騎腳踏車環遊世界的台灣人。」朵拉向她介紹我。

「哈囉，修修你好！我叫凱若琳，很高興認識你！」凱若琳露出超甜的笑容，很友善地向我伸出手。

「嗨妳好，也很高興認識妳……」我也有點害羞地握了她的手。

「你們今天的工作完成了嗎？」朵拉問。

「對啊，現在是下午茶時間，你們來得正好！進來吧！」凱若琳帶我們進了屋子。

一位看起來很粗獷的大叔，正在攪拌一鍋湯，看到我，伸出手對我說：「我是安朱，幸會，朵拉告訴我你在騎腳踏車環遊世界，很棒啊！」

「是啊，但我覺得能生活在這樣的地方更棒耶！」安朱是凱若琳的爸爸，看起來有點像《陰屍路》主角Rick（瑞克），酷酷的，很有個性。

「是嗎？我們這裡就是跟大自然共存。來，我們出去吃東西。」

於是我們端著盛滿蔬菜湯的碗，走到院子裡，各自抓了一張椅子坐下來，剛剛在一旁玩著彈簧床的小朋友也拿了碗加入我們。

「所以你們有鄰居嗎？還是自己住在這一帶？」我心中有一堆疑問想問安朱。

「有啊，我們這裡有三四戶人家，住得都不遠，我們這裡是一個奉行永續有機生活的社群。」

「所以你們都自己種食物囉？」

「對啊，我們盡量吃自己種出來的東西，只有從頭到尾都經由自己的手產出的食物，我吃起來才安心。我們甚至還自己蓋房子。」

「我聽鄧吉說了，自己蓋房子也太強了吧？怎麼學的啊？」我瞪大眼睛。

通向桃花源的路。

「就用木頭、草和泥巴。這是祖先留下來的工法，我之前曾幫別人蓋過，所以大概知道方法，況且現在連YouTube都找得到教學影片。」

「哈哈哈，這也太方便了吧！蓋房子應該需要不少工人吧？」

「是啊，我們常常會有像你這樣的臨時工，哈哈哈。」

「咦？真的啊？他們都哪裡來的？」

「你知道WWOOF嗎？我是透過這個組織找志工的，常常會有來自世界各地，嚮往有機生活的人來當志工。」

「我知道！我在澳洲當環保志工時就有聽過這個組織，志工可以用勞力來換取食宿。」

「對，前一陣子才有兩個日本人，住了快半年，還有一個德國人……那兩個日本人還在我牆上寫了幾個中文，你應該看得懂。」

「是的，日文裡面有很多叫作『漢字』的，其實是中國傳過去的。」我話鋒一轉，問道：「能否請問一下，你是什麼時候開始過這樣的生活的？為什麼？」

「其實理由很簡單，就是厭倦了都市生活。」他對我眨了眼：「像你這種會騎腳踏車環遊世界的人，應該能夠體會吧？」我點頭如搗蒜。

他繼續說：「三年前的某一天，我把城市裡的房子賣了，就找到了這裡，從無到有，一點一滴建立起屬於自己的天堂，這讓我覺得很踏實……」他停了一下，問我：「你不覺得，這世界是建築在一種虛幻的泡沫上嗎？」

「虛幻的泡沫？什麼意思？」

「像是金融體系，每個國家鈔票越印越多，但這些鈔票真的有它實質上的價值嗎？」

「對！我懂你的意思，你是指：現在這個貨幣體系已經快失控了，似乎沒有人能夠阻止它邁向崩壞？」我前一陣子看了幾本有關貨幣體系歷史的書，也看了一些相關影片，所以知道安朱講的是什麼。

「是的，所以當這系統崩壞的那天，或許這世界又會變回以前那種以物易物的時代，這麼一來，我種的東西，我蓋房子的技能，將會變得無比珍貴。」

「你覺得，這一天真的會到來嗎？」

「我們有生之年一定遇得到的。」安朱說得斬釘截鐵。

「那你覺得我們現在可以做些什麼準備，以因應那天的來臨呢？」

「多存一點金子吧，哈哈哈。」

「啊哈哈哈，有道理喔，最近金價好像跌了一點，該買一些回家放嗎？哈哈哈。」

我們又閒聊了一會兒，中途還有鄰居來串門子，是對英國夫婦，之前還在中國學習過氣功，是某個宗師的嫡傳弟子（這裡真的都是怪人）。看天色有點晚了，我和安朱道別，約定明天一早來幫忙。

QR code map

鐵馬變真馬

朵拉自告奮勇帶我到農場的宿舍。我進門一看，實在破到不行，還是朵拉的家舒服，我馬上就決定回朵拉的家住。（重點是還有WiFi！）到家後，朵拉的哥哥已經回來了，我和他打聲招呼，他似乎不會講英文，但還是用笑容和肢體語言歡迎我。我們晚上吃了一些香腸和油炸馬鈴薯餅，因為明天還要早起，就早早睡了。

隔天我是被一隻貓吵醒的，太陽已經從窗簾的縫隙間射進來，我伸個懶腰，朵拉已經把早餐做好，準備要出門了。

「我先出門囉！你吃完早餐要出門的時候，把門鎖起來，鑰匙放在門口的盆栽底下就好了。晚點見！」

這，立陶宛人也太隨性了吧，就這樣把一個才認識一天的陌生人丟在家裡，一定是我看起來太誠實可靠了，嗯嗯沒錯。我悠閒地吃完煎蛋和香腸，騎著沒有行李的腳踏車到了安朱的家。他們看起來正在準備上工，安朱穿了件長袖襯衫和工作褲，凱若琳則是穿了件很時尚的無袖黑色上衣和超短的牛仔熱褲（意圖使人不專心工作嗎？），另外還有一個年輕小夥子，是凱若琳的同學，今天特地來幫忙的。

「早安修修，來，換上這些衣服和袖套，等一下會弄得很髒。」

安朱丟給我一件短袖polo衫和長褲，以及一雙袖套。我把衣褲換上，但袖套？人家女生都穿無袖的耶，我才不需要。安朱開了台廂型車過來，後車廂的座椅都拆光了，偌大的空間裡堆了一些稻草。

「走，上車，我們還要去多搬一點稻草。」

我跳上車，安朱把車開到了我昨天經過的那個大倉庫，他把大門一打開，裡面存放了滿坑滿谷的稻草。於是我們不斷地把倉庫裡的稻草搬到車廂裡，我一開始只用手掌去拿，一次的量不是太多，後來看安朱都是雙臂去環抱，每次一抱就是一大坨，比起來我實在太娘了。可是我一抱之下，那稻草扎得我手痛得很啊！我終於知道那個袖套是做什麼用的了！沒關係，哥挺得住，不能丟了台灣男兒的臉。於是我就這樣忍著痛，把一整台車都塞滿了稻草。

回去之後，安朱在一個廢棄浴缸裡裝了一些水，然後用鏟子從一旁的土堆挖了幾鏟泥土進去，之後用水泥攪拌棒把泥水攪拌均勻。我的任務，就是把剛剛載回來的稻草丟到這缸泥水裡面，充分沾濕了後，再拿到屋子裡給凱若琳和她同學，他們會站在活動高台上，把沾滿泥水的稻草塞進已經建好的木頭骨架中。

這種建築方式很費工又費時，必須等到一層稻草全部乾了之後，才能再加上新的一層，我們現在已經蓋到第四層了。於是我就不斷地製作以及搬運泥水稻草團，稍微一偷懶，凱若琳沒材料了，就會大聲催促：「沒東西了，沒東西了！」一整天下來，我的手臂被稻草割得傷痕累累，皮膚因為長時間泡在泥水裡，皺得跟幾百歲的老人一樣。

終於蓋滿新的一層了，我也累壞了，全身上下都沾滿泥巴，狼狽不堪。凱若琳說：「走吧，我帶你去洗乾淨。」原來新房子的後面不遠處就有個超級大的池子，她直接跑過去，縱身一跳到池子裡，「噗通！」濺起好大的水花，她開始游泳了起來。

「男士們！你們還在等什麼？」正妹的呼喚，不回應還是男人嗎？於是我也一個助跑到池邊……然後慢慢地先用腳試試深度才下水，整個遜掉。游泳一直以來都不是我的強項嘛。

我們在水裡玩了一下，凱若琳率先上岸，看那濕透了的黑色上衣，完美包覆著她玲瓏的曲線，嗯，這當作一天辛勤勞動的獎賞，還算不錯啦。但是要我明天再來，就要再考慮一下了，實在是累死本大爺。還是去找馬兒玩耍好了，所以隔天我又回去找鄧吉了。

「嘿！修修！你來了，覺得他們很無聊齁？」鄧吉依舊拿了瓶啤酒坐在外面納涼，到底是有多愛喝啤酒啊？
「哈哈，沒有啦，還是想來看看你和馬。」
「你也喜歡馬嗎？」
「我超愛馬的！我真的覺得牠們是全世界最美的動物。」
「是吧？哈哈哈！」
我也入境隨俗，去冰箱拿了瓶啤酒，出來和鄧吉閒聊。
「你是怎麼會成為職業騎師的呢？」我喝了一口啤酒，呼，我知道為什麼鄧吉會喝個不停了，實在太好喝了。
「你知道嗎？其實我以前是檢察官耶。」
「檢察官！？真的假的？」我腦子裡浮現出鄧吉那天喝醉的樣子。
「真的啊，做了一陣子後，發現那不是我想要的生活，我還是喜歡騎馬，所以就來這裡應徵了。」
「喔，所以你是這裡的管理者，我還以為整間馬廄都是你的。」
「哪有那麼好！不過我現在已經心滿意足了，這就是我理想中的生活啊。」鄧吉喝完這一瓶啤酒，又進去拿了一瓶。
「所以你經常參加比賽囉？我看客廳好多獎章啊。你的目標也是奧運嗎？」
「當然啦，那是我的夢想！雖然現在還有進步空間。」他打了個嗝，繼續說：「不過這項運動的迷人之處，就是它沒有太大的年齡限制，純粹比技巧。你看那些奧運金牌得主，動不動都是四五十歲，所以我還很有機會，嘿嘿。走吧，工作去！」

於是我就在馬廄晃來晃去，看能不能幫上什麼忙。常常忙了一下，鄧吉會說：「走！來去超市！」然後我們就上車去鎮上唯二的兩間小超市買東西，鄧吉大概會買個三四瓶啤酒吧，朵拉和我大概就買個小點心和飲料。你或許會好奇，鄧吉這麼能喝，三四瓶夠嗎？沒錯，這幾瓶啤酒大概只能撐兩三個小時，然後就會聽見鄧吉說：「我們走！來去超市！」就這樣，我們一整天就在餵馬、去超市、溜馬、去超市、納涼看天空、去超市之中度過了。

其實晚上有件大事，就是世界盃準決賽要開踢啦！德國對上地主隊巴西，兩隊都是本屆的奪冠熱門，想必精采可期！於是我們最後一次去超市，就買了特別多啤酒和零食，準備晚上觀戰用，朵拉還在臉上畫了巴西的國旗，穿上黃綠相間的襯衫，相當投入。我和鄧吉都是看熱鬧的一日球迷，沒有特別支持的隊伍。比賽結果大家都知道了，我第一瓶啤酒還沒喝完，就勝負已定，德國最後以七比一的大比數擊敗地主隊巴西。朵拉垮著臉硬是看到最後，鄧吉則是一邊上網一邊說風涼話，我在一旁抱著頭難以置信。我們三個懷著不同的心情，一起見證這場世界盃史上最殘酷的屠殺。

本來只打算在這裡過一晚的，沒想到一下就過了一個禮拜。我一開始很掙扎，試圖逼自己繼續趕路，我不可以浪費一分一秒的時間啊。因為我放棄和犧牲的東西太大了，和家人、朋友、女朋友的相處時間，前途一片看好的職業生涯和優渥的薪水，還有我最掛念的奶奶，她已經九十歲了，她能等得到我回台灣，參加我的婚禮嗎？

既然花了這麼大的代價，我就一定要得到對等，甚至更多的回報！所以我快馬加鞭地趕路，普通人一個禮拜騎完的路，我會硬是縮短到五天，每到一個地方，我會很努力地做功課，把世界當成一本書用力讀。下場就是把自己弄得很累，甚至受傷。有時候會筋疲力盡地躺在床上，一邊按摩著紅腫發痛的腳，心裡懷疑，我到底在做什麼啊？

但在這裡，我的身心都得到無比的放鬆。原來生活也可以是這樣啊？自己種菜，自己花一整年的時間蓋房子，每天去三四趟超市，就是為了買幾瓶啤酒。每個人都跳

脫了世俗的洪流，過著自己想要的生活。

休息夠了，該繼續前進了。我跟鄧吉和朵拉說：明天我就要出發了，謝謝他們的收留，讓我有了繼續走下去的動力。

「修修，我真的很高興認識你這樣瘋狂的人！在你接下來的旅途，當你累的時候，要記得你在立陶宛的兄弟姐妹喔，我們會一直支持你的！」
「謝謝你鄧吉，我一定會再回來的，我真的好喜歡這裡。」
「對了，你等一下想騎馬嗎？」朵拉問我。
「什麼？我嗎？我從來沒騎過馬耶，可以嗎？」我瞪大眼睛，指著我自己的臉。
「當然可以啊，我會在旁邊牽著，你放心吧。」朵拉笑著對我說。

於是，我一個禮拜前的小小白日夢成真了，我的鐵馬變成真馬了！而且是競賽等級的寶馬，牠真的好高大強壯啊，隨便一個小跑步，我就幾乎快被甩下來。雖然只有短短的幾分鐘，但我已經（嚇得）心滿意足了。

QR code map

鐵馬變真馬，美夢成真！

後來又在波蘭和鄧吉、朵拉會合，一起觀摩馬術比賽。

進德國那天，我騎了一百六十多公里後，拖著疲累不堪、飢腸轆轆的身軀，再騎十幾公里到市區覓食。完全就是衝著這間「龍門牛肉麵」而來。點了牛肉麵和煎餃，在這裡能吃到這種台灣味，我都快哭出來了。付完錢後，和老闆娘聊起來，她聽了我的故事，臉上露出了媽媽那種憂心忡忡的表情，要我隔天再來，這幾天在柏林就讓我吃免錢。老闆娘在柏林常常幫助台灣年輕人，不管是生活上的疑難雜症或是辦居留證，真的像是媽媽一樣。她說：「咱台灣人在外面，真的沒有漏氣的啦！（台語）」

等待通過查理檢查哨，通往自由民主的西方世界。

我喜歡柏林的自由風氣，連馬路的安全島上都有一整個樂團的街頭藝人。他們的器材全都是身後的腳踏車載來的。

這是歐洲被害猶太人紀念碑，它佔地一萬九千平方公尺，坐落在布蘭登堡門之南，曾是
希特勒德國政府大臣官邸，附近就是國會大廈和總理府。德國人完全不迴避這段歷史，
在他們的博物館，處處可見他們當年如何迫害猶太人的展示，而老師就帶著學生們講述
這段歷史，並且要他們不能重蹈覆轍。他們痛定思痛，彌補過錯，然後放下包袱向前走，
我想這就是德國能如此強大的原因吧。

荷蘭人大概從四五歲就開始騎車，可想而知平均實力不差。在連接城鎮間的
腳踏車高速公路上，常常可以看到白髮蒼蒼的長輩，二三十里的路程對他
們來說好像家常便飯。

照片中這個金髮妹，我從頭到尾只看到她背影，她把我刷過時，香水味似乎
還飄在空中，人竟然已經噴到十公尺外！我回過神來追上去，看她身著薄紗
長裙、套著白色西裝外套、腳踏米色高跟鞋、肩背牛皮小包，一身時尚騎了
一台淑女車，見機不可失，行進間趕緊拿出相機拍了張照，當我收起相機時，
她已經通過一個紅綠燈揚長而去了……

這是唯一一張出發前我就計畫一定要拍到的照片。全球最繁忙的斑馬線,就在倫敦 Abbey Road 上,全世界的披頭迷都要來這裡過馬路。我那天下午不斷閃車、閃人、找到路人幫我拍照,花了三小時才拍到這張照片。

熱水澡

環遊世界應該是很多人的夢想，但最大的阻礙除了時間之外，可能就是「錢」了，這也名列於我的FAQ中的前三名：「你這趟總共花多少錢啊？」

其實真的不多。出去旅行，最花錢的通常是兩樣：交通和住宿。交通包括從一個城市到另一個城市的機票、火車票、船票等，還有本地交通，像是你想去參觀哪個博物館，或是去哪間餐廳吃飯，選擇有搭地鐵、輕軌、公車，或是坐計程車等。對我這種窮背包客來說，計程車是迫不得已的最後選項，但在一些歐洲國家，其實搭地鐵也不便宜，一天下來花個三五百塊台幣，是很正常的事情。

所以腳踏車旅行的第一個好處就顯現出來了：交通費幾乎都省下來啦！除了跨海得搭飛機或船以外，其他的交通我幾乎都用腳踏車來完成。只要我的腳還能動，只要我還活著，它就可以帶我到天涯海角！所以我完全不知道柏林或是倫敦的大眾運輸系統要怎麼搭乘，因為我根本就沒用到。

再來就是噴錢的大魔王：住宿了。在中國還好，大城市有青年旅舍，小鄉鎮有人民幣二三十塊的破爛招待所，但一進入歐洲，住宿的價格依然是二三十塊，只是變成

以歐元計價！如果你有帶帳篷，就可以選擇價格少一半以上的私人營地，或是我們單車旅行者最常做的事情：睡公園。啊不是，是野營啦。

除了免錢這個好處以外，野營讓我感受到無比的自由。你可以說我沒有家，但以我的觀點來看，全世界都是我的家。

當然有些錢是一定得花的，像是吃和玩。在什麼都貴的歐洲，我最喜歡逛超市，尤其是那些會把快過期的食品打折的，我每次一看到就眼睛發亮。旅途中有個朋友問我，去過這麼多國家，最喜歡的地方是哪裡？我說在德國，我最愛的是REWE，法國我最愛Auchan，英國則是Tesco（都是當地著名超市）。他說，老兄，認真的啦，我說，我很認真啊！

但其實還有一個不那麼苦哈哈的方式，不但可以住好、吃好、認識當地朋友，最重要的是，完全免錢！跟大家隆重介紹Warmshowers.org這個網站，它其實像是Couchsurfing的腳踏車旅行版，你可以在網站上找到世界各地，願意提供住宿給腳踏車旅行者的人，有的是提供他家後院的草坪當作營地，有的會邀請你一起共進晚餐，但是最棒的是，每個人都會提供我們腳踏車旅行者最肖想的——熱水澡！

真的覺得這個網站的名字取得實在太好了，創辦人一定也是同道中人，他知道我們要的是什麼。在騎了一整天的車之後，體力消耗殆盡，身體又髒又黏，如果能夠提供我們一個可以安心休息的地方，我們會感激涕零，如果還讓我們能洗個爽快的熱水澡，那簡直就像是重生一樣地爽快啊！

Warmshowers不像Couchsurfing，商業化之後就有點變質了。會在Warmshowers找住宿，或是在上面提供住宿的人，大都曾經有騎腳踏車長途旅行的經驗，或者認同這樣的行為，希望自己有朝一日也能成行。我們通常會有一些共同的特點，像是環保，喜歡大自然，獨立自主，對這世界有好奇心……而且都很怪！所以總是會有很多精采的故事可以分享。

我是在德國的一個營地，和一個帶著全家騎腳踏車旅遊的爸爸聊天，從他口中知道這個網站。到了英國後，我想說總是睡公園，每天晚上擔心受怕也不是辦法，不如來試試看吧。於是我在前往約克的途中，寄出了一封借住請求，給一位叫作安迪的先生，問他今晚能不能待他那裡。

稍微介紹一下在英國騎車的感覺。記得我剛到英國的第一天，似乎變得完全不會騎車了。這一個多月以來，我已經習慣德國、荷蘭、比利時的腳踏車道，大部分的時候都離汽車遠遠的，過馬路的時候，汽車看到我都像看到神一樣，遠遠的就會減速讓我先過。

但英國駕駛完全不鳥你騎腳踏車的啊！我從一個人人敬畏禮讓的貴族，變成人見人叫的過街老鼠！尤其我一下子還無法適應靠左行駛，有時轉彎時不小心逆向了，還會被一些駕駛臭幹譙。我永遠記得，當我如驚弓之鳥，小心翼翼地騎了兩天，看到離倫敦只剩十公里的路標，還有一條筆直的腳踏車專用道時，我竟然用一種超娘的口氣喜極而泣自言自語：「謝謝老天！」

英國也有所謂的國家腳踏車路網，但比起極度奢侈豪華的荷蘭自行車道，實在差太多了。在城市與城市之間，大部分我都是騎在像是給馬走的泥土路，要不然就是突然來個不合理的陡坡，推上去後，發現人在某個懸崖邊，很多時候我都懷疑，英國的腳踏車騎士是否都身懷絕技，才能在這樣的騎車環境下生存。

我到了約克的那天，剛好就收到了安迪的回應，他說他早上可能會去騎車，要我直接到他家後院去紮營。我依約前往時，看到有位兩隻手都撐著拐杖的先生站在門口，我向他打招呼。

「請問……這是安迪的家嗎？」
「是啊，我就是安迪，你好。」他一隻手離開拐杖，向我伸出手。
「安迪你好，我是修修，很高興認識你。」我握了他的手道。

說好的腳踏車道呢？

他的腿看起來有點像是小兒麻痺造成的肢障，這是要怎麼騎車呢？可能是那種手搖式的自行車吧。安迪帶我從側門直接進了他家後院，有一位女士正在整理東西，就是安迪的太太了。她叫作露易絲，也很熱情地向我打招呼，然後讓我把行李放下後，稍微介紹了一下環境。我可以在超漂亮的後院搭帳篷，使用外面的水龍頭，當他們人在家時，我可以進屋子使用廚房和浴室，太完美了！

我把帳篷搭好後，把我所有的電子設備拿去屋裡充電，露易絲看了不禁笑了出來：「你的玩意兒還真多啊。」
我不好意思抓了一下頭：「哈哈哈，我是阿宅騎士。」
露易絲燒了開水，幫自己和安迪泡了杯茶，問我要不要，我也拿了個茶包，用自己的杯子泡了一杯。我們就坐在庭院閒聊了起來。

「來吧修修，來分享一下你的故事。」安迪說道。於是我和他們說了我到目前為止騎過的地方，以及之後的計畫。

「你呢安迪？我看你的檔案說你騎過法國？」

「是啊，但我大多數時間還是在英國騎車，英國已經大到騎不完了。」

「但……比起荷蘭那些國家，在英國騎車有時候不太輕鬆啊，尤其在市區和鄉間小路，真的不太好騎。」我忍不住抱怨道。

「哈哈哈，你也注意到了，沒錯，比起荷蘭，我們這裡差遠了。對了，你是沿著腳踏車路網騎過來的嗎？」

「對啊……」我拿出手機給安迪看：「我就是走這條Google Map建議的腳踏車道來的。」

「哦？那恭喜你，你已經走過全英國最好的腳踏車道之一了，哈哈。」我不禁一陣苦笑。

我們又聊了一下旅途中的趣事，我講到在波羅的海三國的奇遇，也講到三月時在台灣親身參與的學運，他也提到最近英國政府傾中的態度讓他很擔心。聊著聊著他問我：

「你之前是做什麼工作的，回去之後怎麼打算？」

「我之前是賣電子產品的業務，回去之後，我想用我的所見所聞，為我的國家做一些事！」

我想起這幾年參與的社會運動，反核、大埔張藥房事件、洪仲丘事件，到今年的太陽花學運，再想起當初決定走這一趟的初衷，很熱血地這樣回答安迪，沒想到安迪說了我一句話，好像當頭棒喝一樣。

「記住，不是為你的國家（country），而是要為了你的人民（people）。國族主義（nationalism）是很危險的。」

我沉默了好一下子，腦子裡第一個想到的就是德國。我不久前才在柏林參觀了許多博物館，納粹主義不就是逐漸從國族主義轉變來的嗎？回到台灣和中國的關係，撇開政府不說，在網路上常常看到兩邊人民，用歧視和仇恨的語言互相攻訐，這背後

是否就是這種危險的力量呢？

「其實政客都是一樣的，他們腦子想的都是利益。」安迪繼續說：「我就覺得我和你之間的相似點，比起我和我們首相，還要多上太多了。這和國家種族有關嗎？」「對耶，我們都喜歡騎車，喜歡大自然，喜歡自由自在……」

我們後來也聊到蘇格蘭公投，我問他是贊成還是反對，他說他其實沒意見，蘇格蘭人有權利選擇自己想要的生活。之後安迪又教了我很多露營技巧，還給我了一些有用的資訊──我這才知道原來蘇格蘭境內野營是合法的，終於不用擔心睡到半夜被警察抓走了。

約克是個旅遊重鎮，我下午把握時間去逛了一下，先參加了當地最熱門的鬼故事之旅，因為這是個歷史悠久的城市，自古就有很多傳說，導遊會把所有發生過怪譚的景點連接起來，一邊帶我們遊覽一邊講鬼故事。可惜我的聽力還是不夠好，加上約克郡口音又不是普通的難懂，我就糊里糊塗跟著大夥逛了一圈市區，逛完還是一頭霧水。

隔天一早和安迪以及露易絲道別，我繼續往北前進。

自從在約克的安迪家待了一晚後，實在覺得「熱水澡」這個網站實在太棒了，不只是免費的住宿，更棒的是還可以跟世界各地喜歡騎車的朋友們交流。我從愛丁堡往南走，經過湖區，到達利物浦後，雖然到南邊的樸茨茅斯只剩不到三百公里，我還是想多體驗一下。網站上的地圖會把所有提供住宿的點標出來，我可以先把路線規劃好，再根據適合我的地區送出邀請。

我的下一個「熱水澡」位於渥夫漢普頓，這是個在伯明罕西北邊的小鎮，不太像是騎腳踏車會經過的路線。我的東道主叫作派特，他很快就回我信了，他說他人目前在倫敦工作，但他爸媽和弟弟都在家，很歡迎我去住。於是我給他我的聯絡方式，他再轉交他的弟弟艾瑞克跟我聯絡。

我晚上因為迷路，到渥夫漢普頓的時候已經八點多了。我依照派特的弟弟傳給我的住址，找到了他家。我幾乎看傻眼了。這是豪宅啊！是那種在電影裡面超有錢的人住的英式豪宅，我出運啦！我打電話跟艾瑞克說我到了，接下來偌大的鐵門打開，他出來接我進去。

一進門，我把車停在和我家客廳一樣大的玄關，艾瑞克說他爸媽晚一點才會回來，只有他和小弟在家。他問我肚子餓不餓，我很老實地點點頭，他說他也還沒吃，就跑出去買晚餐了，把我和他弟弟丟在家裡。我四處打量環境，不敢輕舉妄動，四周的家具和擺飾看起來都像古董，不小心碰壞就慘了。艾瑞克不久就提了幾袋食物回來，我們一起到餐廳去用餐。

餐廳是個挑高的空間，一整排高大的落地窗外就是後院，天色暗了看不清楚外面是什麼樣，只知道真的很大。艾瑞克的弟弟下樓和我打了招呼，然後把三人份的餐具

途中在北海邊看日落。

和餐巾紙擺整齊，相當英式的教養。我實在太餓了，幾乎吃了一半的食物，滿足極了。餐後問艾瑞克我要付多少錢，他說不用！他爸媽已經打點好了。雖然是意料之中，還是覺得滿不好意思的。

晚上我就睡在派特的房間，雖然他不住在家裡，但是整個房間還是相當整潔，從他的書架上看得出來是念法律的，而且也是相當虔誠的天主教徒。我拿了換洗衣物去洗澡，地板的木頭似乎有點年紀了，每走一步就會嘎吱作響，我躡手躡腳走到浴室，進去一看，這浴室的大小又可比我家的房間，實在很誇張。我洗完澡回到派特房間，聽到似乎有人回來了，但我實在太累，就沒有出去打招呼，直接睡死過去了。

隔天早上睡了個自然醒，下樓後看見一位先生穿著睡衣在看報紙，想必是派特他爸爸了，我馬上走向前和他問好。

「早安！您想必是考夫特先生了，我叫作修修，很謝謝您收留我一晚！」
「不客氣，昨晚睡得還好嗎？」派爸爸握了我的手。
「睡得像嬰兒一樣！」
「那就好，我太太正在做早餐，你去餐廳看看情況，要不然她老是會煮太多，你看我胖成這樣。」考夫特先生摸著肚子，開玩笑道。

我走到餐廳去，派特的媽媽穿著圍裙站在爐子前煎蛋，桌上已經有一盤培根了，那香味真是誘人。派媽媽看到我，馬上放下鍋鏟，對我說：「Darling，早安！」然後給我一個臉頰碰臉頰的social kissing，讓我有夠受寵若驚。她接著說：

「你昨天睡得好嗎？我們回來的時候已經很晚，就沒有去房間打擾你了。」
「睡得真的很好，謝謝您收留我，比起在公園露營，這裡簡直像天堂啊！」我衷心地說。
「呵呵，也還好啦，這間屋子也有點老了，還過得去啦。你要吃幾個蛋？兩個？三個？」

「三個好了！」我很厚臉皮地說。

「沒問題，你們騎腳踏車旅行的怎麼樣都吃不飽，不是嗎？」

「是啊，我昨天晚上就是一路吃巧克力才騎到這裡的！」

派媽媽把煎好的蛋和烤好的吐司拿過來，再幫我倒上一杯果汁，這時候派爸爸也來了，他倒了一杯咖啡坐了下來。

「來，盡量吃，吃不夠還有喔！」

「嗯，謝謝！」我避免看起來沒教養，盡量提醒自己細嚼慢嚥，食物吞下喉嚨之後才說話。我們聊到不在場的派特。

「我看了派特的檔案，他之前從倫敦一路騎到阿曼，我看了地圖，他得經過敘利亞和伊拉克這些危險的地方啊，太瘋狂了！」

「他好像是經過伊朗再坐船去阿聯的，走伊拉克或敘利亞實在太危險了。」派爸說。

「派特他啊，一開始只跟我說要騎腳踏車去旅行，也沒有跟我說要去哪，有天忽然從伊朗打電話給我，我都快嚇死了！」原來派特和我用的是同一招！派媽媽看起來還餘悸猶存。

「伊朗聽說是相對安全點。那你們一定很擔心吧。」

「他好像不太擔心，」派媽指了指派爸，繼續說：「但我可是每天都在祈禱啊，誰知道那些穆斯林會對一個白人小孩做什麼……」

吃完早餐，我也準備要出發了。我把所有行李搬上車，推到門外，派爸爸和派媽媽和派弟弟都出來送我。我們請整理庭院的園丁幫我們合照一張相。當我和他們道別時，派媽媽走了過來，塞給我一個東西。我一看，是張二十英鎊的紙鈔。

「這，我不能收啊，你們收留我一晚，還準備食物給我吃……」我看著那張紙鈔，是真的慌了，眼淚在眼眶中打轉。

「沒關係，收下吧，去多買一些巧克力！」

我看著派媽，她慈祥的笑容讓我想起我奶奶，我轉頭看派爸，他也笑著跟我點點頭，我幾乎快要飆淚了。

「謝謝你們！我不會把它花掉的，我會把它當作緊急的救命錢，真的謝謝你們！」

QR code map

在路上遇到四位自行車騎士，聊了一下，是兩對加拿大夫婦，其中一位阿姨說要請我喝咖啡，於是我們找了間咖啡店坐下來。這位阿姨叫作艾希莉，她聽了我的故事之後，直問我會不會出書，如果出的話她一定秒買一本。

她看看我的吉他，請我唱首最喜歡的歌。於是我唱了最近很有感覺的約翰‧藍儂的〈Imagine〉。臨行前，她說，他們四個人平均七十歲。我嚇呆了。他們看起來頂多六十吧！

「我真希望我老了還能像你們這樣。」「你可以的，孩子。來，這個給你。」我手中多了二十歐。「這我不能收啦。」

「收下吧！就當作你賣唱賺的，我們真的很喜歡你的故事和歌聲。」

互留 email 後，我目送這四位不老騎士離開，心裡想著：啊，這下妳不用買我的書了，因為你們會被我寫進去，然後我會寄一本附簽名的送妳！

最右邊的克里斯坦，是我在莫斯科遇到的德國朋友，聊得相當投緣。他住在雷根斯堡，問我會不會經過，我看了地圖，雖然不太順路，但為了拜訪好朋友，繞點小路算什麼！於是五個月後，我們又見面了，那時剛好是慕尼黑啤酒節，我們一起去喝個爛醉。他是日文一級，書架上擺了日文版的《1Q84》。另外最多的就是旅遊書，是個對這世界充滿好奇心的人。

在羅馬尼亞路上騎著，有個人對我揮揮手，之前遇到些要錢的，所以沒理他繼續騎。結果過了一會兒，又看到他出現在我前面，原來他開車趕到我前面，就是為了要攔我。他說他也是腳踏車騎士，問我等一下有沒有地方住，沒有的話可以去他家。原來他們是一群「單車快遞」騎士，騎著腳踏車穿梭於城市間討生活。我真的很喜歡東歐，比起西歐，人們普遍熱情友善。圖中是他們的單車店。

來自德國的盧卡斯。我們在羅馬尼亞認識，下個目的地都是土耳其，他先我一天出發，我們約好在伊斯坦堡見面。
沒想到三天後在另一個城市的路又相遇了，於是就決定一起騎。
他吉他也彈得很好，也很愛吃，是個不可多得的好伙伴！他已經在歐洲騎了半年，他說這旅途上習得最大的技能是
跨在腳踏車上尿尿，然後還有邊騎邊吹口琴。

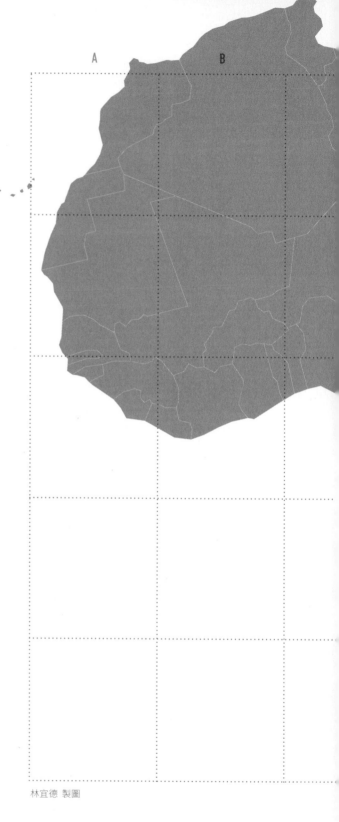

A B

AFRICA

QR code map

掃瞄 QR code，體驗修修的旅程。

林宜德 製圖

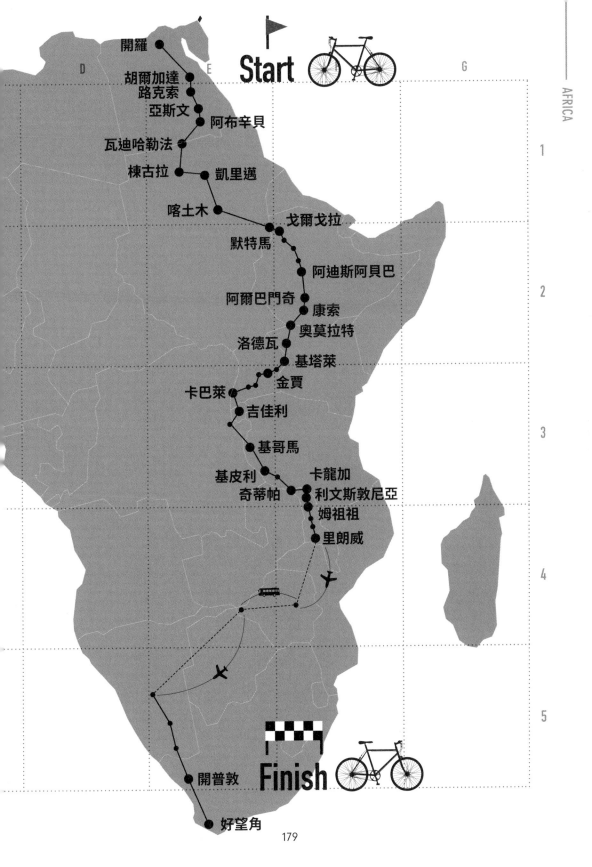

開羅

胡爾加達
路克索
亞斯文
阿布辛貝

瓦迪哈勒法

棟古拉　凱里邁

喀土木　戈爾戈拉

默特馬

阿迪斯阿貝巴

阿爾巴門奇　康索
奧莫拉特
洛德瓦
基塔萊
金賈
卡巴萊
吉佳利

基哥馬

基皮利　卡龍加
奇蒂帕　利文斯敦尼亞
姆祖祖
里朗威

開普敦

好望角

Start

Finish

踏上
紅土大陸

終於還是來到這裡了。

開羅機場其實滿現代化的，寬敞明亮的入境大廳，牆上有大理石製作的古埃及法老的浮雕，作為一個旅遊大國的門面，當然要給觀光客好的第一印象。

我把腳踏車組裝完成，行李全部從紙箱裡拿出來，裝進包包掛上車，整備完成。當我把車子推出自動門的那一刻，那熟悉的感覺回來了。二十度以上的溫差，密密麻麻擠在柵欄外的臉孔，穿著整齊，拿著名牌等著接機的高級飯店司機，當然還有不斷在旅客身邊跑來跑去，搶著幫忙提行李的小伙子。

這跟印度真的好像啊。只是這次他們不是搶著問我要不要坐計程車，而是一個個目送我經過。

我沿著聯外道路騎出去，那種回到印度的感覺越來越強烈。飛揚的塵土、超載的嘟嘟車、坑坑疤疤的路面、當然還有無處不響的喇叭聲。我五年前是逃也似地離開印度，現在怎麼好像有點懷念起來了？

非洲，這塊紅土大地，對我來說是一個太遙遠、太模糊、卻又太巨大的存在，我對它的認識，僅止於書本和電影，落後、疾病、戰亂、難民、饑荒……而如今，我就要騎著我的腳踏車，背著吉他，從北到南紮紮實實走過每一吋土地。在這一萬兩千公里的旅程中，我到底會看到什麼東西，遇到什麼樣的人，發生什麼樣的事情，我完全不知道。

中國段的旅程雖然辛苦，但至少語言能通，基礎建設也比較進步，難度不算太高。歐洲那更不用說了，根本就是去度假的。現在要騎非洲了，非洲耶！那感覺就像是魯夫終於進到了新世界，不論是對手或挑戰都上升好幾個等級。要開始玩真的了，這是真正的大冒險啊！

但進到了新世界，如果不找伙伴，是很容易GG*的，如果我真的發生了什麼事情（呸呸呸），也有人可以通知我親友。我的伙伴叫作尼爾，他是南非人，家住開普敦。七年前情場失意，到台灣找朋友散心，結果就待下來了，後來還娶了台灣媳婦，做起紅酒生意。某天忽然想到，有一陣子沒回家看看了，坐飛機嫌累，不如就騎腳踏車回去吧。

我們剛好都是騎著台灣雲豹公司贊助的腳踏車，雲豹老闆知道我們大概會在差不多的時間抵達開羅，所以把我們牽上線。他是2014年五月出發的，走的是中國和中亞路線，中間會經過伊朗、土耳其，再從土耳其到開羅。那時我正在俄羅斯，花了大半年的時間繞了歐洲一大圈，最後也抵達伊斯坦堡。大家殊途同歸，終於在2015年一月的時候，在開羅碰面了。

「嘿！尼爾，終於見到你啦！」
「哈囉，修修！對啊終於！」

---

*GG：「Good Game」的縮寫，網路流行用語，原是線上遊戲對戰中輸家常用發言，表示「雖然輸了，不過是場好對戰」。 後來網友開始在網路論壇PTT使用這句話，強調其中遊戲結束的意思，意思轉變為「完蛋了」、「輸了」、「沒救了」。

初次見面真的很開心，我們給彼此一個大擁抱，這就是將要和我一起冒險半年的伙伴啊！他高高瘦瘦的，長得很帥，鬍子已經很長了，看起來也是歷盡風霜。在臉書上看了他的文字和影片，知道他也經歷了一段精采的旅程，相信他的經驗一定也很豐富，加上又是非洲長大的，一定會是個最得力的伙伴。

他這幾天待在一位沙發客的家，我就順便待了下來。屋主叫作穆罕默德，是個標準的科技宅，我們在他家沒事的時候，就是看網路抓下來的電影。這天又複習了《白日夢冒險王》，看到熱淚盈眶、熱血沸騰——我們不是在做夢，現在真的就在偉大的航道上冒險啊！

出發前，我們花了幾天時間把裝備整備到最佳狀況。尼爾收到一支新的前叉，然後他發現之前裝的拖車實在太惱人了，就把它拆了。我們也到超市去買了米、麵條、蔬菜、水果等，大概準備了一週的食材。整備的空檔，我們和另外一位沙發客一起去看了金字塔。

金字塔真的很壯觀，是世界七大奇蹟之一，但我看了其實也沒啥感覺，經過一年多的旅行，像是英國的巨石陣這種著名景點，對我來說就是在待辦事項打了個勾而已。

我們的路線是先往東邊騎，到了紅海後，往南沿著海岸公路到胡爾加達，再往西騎到最著名的旅遊城市路克索，之後再繼續往南到達埃及最南邊的大城亞斯文，總長大約一千公里。雖然多繞了一點路，但是可以避開人多的尼羅河畔，還可一覽紅海風光，相當令人期待。

「OK, Shosho, let's do it!」尼爾搓了搓手掌，對我說。
「YEAH! Let's do it!」我也很興奮地回應。

因為我們都一陣子沒騎車了，第一天就當暖身運動慢慢騎。埃及的公路路況比想

像中的好，除了有些地方在大興土木之外，大部分都是平坦的柏油路。但我騎了沒多久，竟然就中了一支大釘子！希望壞運氣就此結束，阿彌陀佛。我們騎了大概八十公里左右，決定到此為止。尼爾發現路邊有個小沙丘，剛好可以完美擋住路上車輛的視線，而背後就是一望無際的沙漠，是個絕佳的野營地點。

我們選好地點後，先燒開水泡了杯咖啡，休息一下，我還拿出我的藍牙喇叭放了點音樂。之後我們分工合作，他切青椒，我切洋蔥，趁天黑前煮了鍋番茄洋蔥燉飯，雖然賣相不是很好，但味道其實不錯。吃飽後，我們連帳篷都懶得搭了，就把睡墊和睡袋拿出來，直接找塊平坦的沙地就躺平了。

尼爾拿出他的Kindle，我則是望著天空發呆，隨著夜幕低垂，星星一顆顆迸出來。正當我在辨認星座時，一顆流星劃過天際。

「有流星耶！」我興奮地大叫。
「等等天色更暗了之後，大概一小時可以看到十顆吧。我在帕米爾高原露營的時候，流星更是多到數不完。」他回答道。
「你知道嗎，聽說很多人到埃及旅遊，還要花錢到沙漠露營耶，我們免費達成。」
「是嗎？哈哈，那之後我們可以賺到飽了，因為我們每天都得露營！」

隔天早上，我第一件事情就是把手搖磨豆器拿出來，一邊磨著新鮮的咖啡豆，一邊讓咖啡的香味把我的身體叫醒。然後我用法國壓咖啡杯泡了杯香濃的咖啡，和尼爾分享，他喝了一口，馬上想把身上帶的即溶咖啡丟了。我們煮了鍋牛奶燕麥當早餐，然後收拾東西出發。

第二天，大腿並沒有感到痠痛，但我們還是不敢躁進，一直以略低於二十左右的時速前進。在這條聯外公路上，常常會看到有荷槍實彈的警察站崗的檢查哨，通常我們都是點個頭打個招呼就直接通過，但這次卻被攔了下來。
這位老兄不會講英文，比手畫腳了一番，然後把身上的槍卸下來後，把紅帽戴

上，比了個照相的手勢。我指了他，再指指我們兩個，他點點頭，原來是要跟我們合照啊，簡單。照了一張不過癮，他指指我的吉他，要我把它打開。尼爾在旁邊有點不耐煩，嘴裡用中文嘟嚷著：「不要吧，好麻煩啊。」但有槍的是老大，我還是照辦了。他背上我的吉他，我們又拍了張照。

我們在下午兩點左右抵達紅海岸，這就是《出埃及記》裡摩西劈開的紅海啊！根本就藍到靠杯啊為啥叫紅海？海岸公路比我想像的好很多，有足夠寬的路肩，可能是因為冬天的關係，車流量也不多，騎起來相當舒服。沿途有一堆已經蓋好或是正在蓋的度假區，數目多到令人吃驚，岸邊也停了好多遊艇，但現在似乎一點遊客都沒有，冷清得很，可能跟前一陣子的恐怖攻擊重創觀光業有關吧。

但平常真的會有這麼多旅客嗎？維持這樣完美的草皮應該要花很多錢吧，現在他們活得下去嗎？路的左側是平靜湛藍的紅海沙灘和高級飯店，右邊則是沙漠和垃圾，對比實在太強烈。

輕鬆騎了八十公里，到了下午三四點，我們開始物色今天的野營地點，這一帶都是房屋和度假飯店，比較難找到隱秘的地方。忽然間看到一個度假區，旁邊就是一片沙灘！我們把車推往海邊的方向走，太好了，這裡離馬路也夠遠，雖然沒有遮蔽物，但是天黑了應該就沒人看得到我們了吧！望著紅海，對面很清楚地可以看到西奈半島，實在是太棒了。

我們搭好帳篷，甚至還找了一堆漂流木，生好了營火準備燒水煮咖啡。這時，幾位像是度假區的員工跑過來，和我們比手畫腳，似乎要我們離開，說這裡危險，警察會來。

「拜託，先生，我們已經搭好帳篷了。」尼爾說。
「是啊，拜託你先生，我們就睡一晚，隔天早上就離開！」我也苦苦哀求道。
我們盧了半天，一個像是負責人的人走過來，打了個電話，結果還是堅持要我們走。沒辦法，很哀怨地拔營收拾東西摸黑上路。騎了一小段後，看到一個電塔可

和埃及警察合照。

以稍微擋住我們，只好將就在它後面紮營了。唉，早上看紅海日出的計畫就這樣沒了。

QR code map

撒哈拉護衛隊

隔天早上尼爾發燒了，全身肌肉痠痛無力，可能是露宿沙漠那天著涼的，我給他兩顆斯斯感冒膠囊。他拖著病軀硬是上路，但是騎得很慢，我擔心他隨時會昏倒，所以跟在他後面，如果逆風就跑去前面幫他擋，然後隨時從後視鏡觀察他的狀況，注意他是否有跟上。

他的狀況真的不太好，騎個一小時就得停下來休息，每次休息都看他好像要昏過去的樣子。我們花了兩個多小時，終於到了一個看起來還滿大的鎮子，準備吃午餐和買補給。

尼爾在一旁問一個路人哪裡有提款機時，有幾個小孩跑過來伸手跟我要東西，我搖搖頭，結果那個死小孩竟然朝我的腳踏車袋狠狠踢了一下，我很生氣地瞪著他，他又一臉無辜。當我們要繼續出發時，我注意到他偷偷撿了個石頭。我一踩下踏板，他就先拿那顆石頭砸了我的腳踏車，再補上一腳。我氣得要死，但也不知道能拿他怎辦，只能繼續往前走。

「嘿，尼爾，我們不要在這裡待太久吧，我感覺怪怪的，不想久留。」

「我也是，這裡似乎對外國人很不友善啊。」

於是我們隨便找了一間賣披薩和三明治的店，吃了點東西，買了些補給就繼續上路。下午吹的是完美的順風，騎乘的時候沒什麼感覺，但是一停下來馬上就能察覺到風正在呼嘯地從後面吹過來。因為風的幫忙，尼爾也輕鬆了許多，我們在下午完成了大概六十公里，距離胡爾加達只剩一百公里，應該可以在明天到達。

結果屋漏偏逢連夜雨，一早起床尼爾發現後輪沒氣了。把內胎卸下後，他試著用手在外胎內側尋找釘子所在，但摸了一陣子，怎麼找都找不到，想說狀況應該排除了吧，於是他把內胎補完之後就直接裝回去了。

沒想到最糟的狀況發生了，俗話說要提早用斯斯以免二次感冒，單車界也有句話，「外胎要檢查仔細以免二次破胎。」就在我們把東西全部上車要出發時，輪胎果然又沒氣了。雖然很怨嘆，但只得把東西卸下重來一遍，這次終於找到罪魁禍首，是一小段廢棄輪胎的小鋼絲，這是最討厭又無孔不入的小王八蛋，我們之前在新疆都中了很多。

這次終於順利出發了，但時間已經來到九點半，還沒完全復元的尼爾，覺得今天到達胡爾加達可能有點困難。而且食物幾乎吃完了，水也不夠。我跟他說，沒問題的，在路邊一定有些小店或加油站可以補給。

騎了二十公里之後，果然找到一間小餐廳。我很興奮地點了兩份煎蛋捲，服務生還送上兩盤豆子和沙拉。我們已經好幾天沒好好吃頓正常的食物了，各開了一罐汽水，大快朵頤起來。吃完要結帳時，被收了五十埃鎊，這點東西竟然要台幣兩百塊？根據之前的經驗，我們大概被收了雙倍價錢吧。這地方就是這樣，所有人都用盡所有方法，試著要從你身上擠出錢來，這讓我想起印度。

記得第一次出差到印度時，我因為幫忙多帶了一台公用筆電，被海關要求課兩百美金的稅，當時年輕氣盛和他們鬧了一陣，後來還是給出了五十美金才得以脫

身。這讓我對印度這個國家的第一印象極差，他們竟然在國家的大門口就公然勒索，這也導致我在印度生活時處處都看不順眼，過得很痛苦。

後來朋友告訴我，雖然他們處處要錢很討厭，但也代表這裡處處都可以用錢解決，有些時候反而很方便。的確，事情都有好幾面，當我能轉換到另一面去看事情後，心情真的會放寬很多。所以現在我也不太在意自己被坑了多少錢，反正這裡的人真的比較窮，讓你多賺一點，你心裡開心，而我也有能力付出，當作佛教說的財布施，我也很開心，大家都開心就好了。

下午在大順風的幫忙下，我們順利在四點半抵達胡爾加達，入住飯店之後，連澡都沒洗（五天沒洗澡了），我們就衝進隔壁的酒吧，怒點兩瓶當地的Stella啤酒。當冰涼的啤酒滑入喉嚨那一刻，這幾天的辛苦都成過往雲煙，尼爾的病好像也好了一大半。

隔天早上的風不大，太陽則是很給面子，是個潛水的好天氣。我們住的旅館叫作四季飯店，當然不是大家熟知的那一間。老闆人很好，知道我們在找提款機，還帶著我們四處找。這裡一個雙人房只要一百二十埃及鎊，加上船潛兩支氣瓶附午餐，一人只要兩百八十鎊，等於住兩天加潛水只要台幣不到一千八，實在便宜到爆。

兩年多沒潛水了，第一支氣瓶有點不習慣，但第二支就好多了，只是水真的有點冷，上船後直發抖。今天的潛點不算很厲害，但有看到幾隻大河豚和藍色魔鬼魟，算是亮點。重點是紅海潛水的成就解除啦，喔耶。

沒想到樂極生悲。可能是海水太冷，潛水衣又不合身，再加上尼爾身體還很虛弱，隔天一早又發燒了。沒辦法，只能再待一天，他躺了一整天，我就幫他送送食物，沒事的時候就彈彈吉他，很悠閒地過了一天。

隔天他差不多退燒了，我們決定繼續上路，今天要往南走到塞法傑港後再往西

走，騎個兩百公里，翻過一些小山丘後，就回到尼羅河畔了。好久沒有遇到上坡連發，還真有點想念爬坡爬到爆心跳狂噴汗的感覺。我在前面騎了半個多小時後，覺得奇怪，尼爾怎麼沒跟上來，忽然一台車在我前面停下來，尼爾竟然在車裡。

「這位警察說這一帶很危險，堅持要載我們一程。」尼爾跳下車說。

「蛤？真的嗎？看起來還好啊，我還沒騎夠耶。」

「我剛剛也是跟他們講了很久，但他們很堅持，上車吧。」

看來沒得商量，把我的車也推上後車廂後，我擠上副駕駛座，開車的警察一聲不吭就踩油門噴了。他肩上掛了兩顆星，官階好像還滿大的，一路上不斷超車，感覺車速至少有一百二以上，明顯超速，有時候還講手機，山路彎道又多，害我緊張得要死。問他說這段為什麼危險，他不會講英文，大概知道是因為有壞人。

往前開了六七十公里，到了一個檢查哨，說是過了這裡就安全了。仔細一看，前面竟然有兩個單車騎士在和警察交談，似乎也是遇到同樣狀況。我們上前攀談，才知道他們是德國人，已經騎完這一段了，到這裡才被警察攔下問話。我們謝過警察後，一起出發，我本來想要一展台灣男兒的威風，就騎在最前頭，稍微催了一下速度，沒想到他們臉不紅氣不喘就跟上了，還和我聊起了天來。

「哇……你是伯納對吧……？你騎得好快啊……」我氣喘吁吁，一邊和叫作伯納的大哥聊天。

「是嗎？可能因為我們負重沒那麼重吧？」的確他們都只帶了兩個後馬鞍包。

「你們的東西真的帶得很少耶，你們目的地是哪裡？」

「我弟弟假期比較短，他只到蘇丹首都喀土木，我要到南非開普敦。」

「哇，那目的地跟我們一樣耶，你預計什麼時候到？」

「大概四月底或五月吧。」

「什麼？那不是只剩四個月的時間？你們一天騎多長距離？」我大驚，這速度幾乎是我們的一點五倍了。

離胡爾加達還有一百一十公里，路標上有好幾個彈孔。

「在歐洲的時候路況比較好，我們一天大概騎兩百公里；在這裡狀況比較多，大概一百五左右。」

「什麼？你們超快的啦！」我嚇到了，通常一天一百二已經是我的極限，一百五竟然只是他的平均。

「我們都很早起床騎車，其實我們今天已經騎了快一百五，現在可以準備找地方休息了。」

現在才下午四點啊！遇到神人了！我還是不要自取其辱，把速度慢下來好了。我們騎了一小段後，就在路邊紮營。他們行李雖然不多，但是應有盡有，有個滿大的兩人帳，他們兄弟睡在一起，也有食材、鍋具和緊急藥品。我們各自煮了晚餐，聊了一下各自的計畫，就早早睡了，明天打算跟他們天沒亮就起床，看能不能跟在他們後面，一天就噴個一百五十公里直奔路克索。

五點鬧鐘一響，為了不讓外國友人看笑話，我拿出精實精神，乖乖起床把睡袋和睡墊收好。出帳篷一看，天還是黑的，可以很清楚地看到冬天的天蠍座掛在地平

線上，德國兄弟已經起床收拾行李。我打了個哆嗦，怎麼這麼冷？看了車錶，發現氣溫竟然才不到三度，這才想起來：我們大概在四百多公尺的山丘上，難怪這麼冷，帳篷竟然也濕了，現在不是在沙漠裡嗎？

六點半的時候天色已經全亮了，德國兄弟一下就整裝完畢，先走一步了，我們還在悠閒地喝咖啡。趕緊收拾完畢準備出發，尼爾發現今天前半段將從海拔四百多公尺下滑到不到一百公尺，高興得手舞足蹈，看來病已經全好了。上路後果然是一路緩坡下滑，時速一直維持在接近三十公里，完全不費吹灰之力。

「嘿，尼爾，現在才不到八點，我們竟然已經騎了三十公里了！」
「對耶，通常這時候我們才剛起床而已啊！」
「是啊，我們以後也早點起床吧，早點騎完可以多點休息的時間。」
「同意！」

我騎在前面，很快就到了一個檢查站，警察很熱情地和我打招呼。

「來，護照讓我看一下。你從哪裡來的？」其中一個胖胖的警察跟我說。
「我從台灣來的。」我把護照拿給他檢查。
「喔，台灣？好，好！」他笑著對我比了個大拇指。
「你，另外一個朋友？在哪裡？」其中一個年輕警察伸出兩根手指頭，似乎問我是否還有同伴。
「哦，他在後面，等一下就到。」
「你們昨天在哪裡睡？我出來巡邏的時候沒有看到你們。」
「我們找地方躲起來露營了，和兩個德國人一起。」

他聽了笑了一下，表情好像在說，你們這些傢伙好樣的。可能這一帶所有的警察都知道，有四個單車騎士準備穿越這裡前往路克索。尼爾跟上後，也出示了他的護照，我們合照了幾張照片後繼續前進。

之後事情變得更瘋狂了，就在離尼羅河畔的鎮子奎那還有十公里的地方，開始有警車在我們前面以很慢的速度前進，過了一會我才意識到，他們是在幫我們開路耶！到了奎那後，我們找了間小店買些飲料，警車也停在路邊等我們，其中一位警察還下車跟我們聊天。經過交通比較亂的地區時，他們變成跟在我們後面，後方來車要超車時就不能靠我們太近。

我開始覺得有點受寵若驚了。看來埃及警方真的很重視我們的安全，完全可以感受到他們想把我們完好無缺送到目的地的企圖心。可能也是因為這幾年戰爭和恐怖攻擊頻仍，重創了埃及觀光業，警察才對我們的安危這麼重視。

就這樣，一路上都有荷槍實彈的護衛隊跟隨著我們，我們停下來休息他們也停，我們走他們也亦步亦趨，中間還交過一次班，加上沿途不斷有小朋友，向我們一邊奔跑揮手一邊大喊「哈囉」（當然也有夾雜些「Money，Money！」），真的讓我有大明星的感覺，只是久了會有點煩，連找個地方安靜地休息一下都難，我連午餐都不想吃了，只想趕快到達目的地。

結果才不到三點，我們就完成超過一百四十公里的路程，抵達路克索。因為下坡和順風的幫忙，不算太操。這裡到處都是攤販和路人，花了一點時間通過忙碌的火車站，我們穿越一個柵欄已經放下來的平交道（入境隨俗啊），鑽進一條小巷，終於找到這間像是荒漠中的綠洲──Boomerang青年旅舍。洗完澡後，照例在屋頂享受冰涼的啤酒。

我們晚餐又重蹈覆轍，被一個騙子騙去一間超貴的餐廳海削了一頓。後來才知道，這些餐廳給外國人的菜單和本地人的是不一樣的，我們的價格會是正常的兩三倍之多。人家說，來埃及不被騙就不算真的來過埃及，我現在簡直可以寫一篇埃及騙術大全了。

在前方等待我們的護衛隊。

QR code map

古文明，
DONE

路克索是埃及的旅遊大城，是古埃及中王國和新王國時期的首都，埃及在新王國的時候達到鼎盛，但後來因為拉美西斯二世一直打仗，又愛蓋神廟來彰顯自己的偉大，以致勞民傷財，埃及就此由盛轉衰。但也因為這樣，我們現在才有一堆神廟和遺跡可以看。

我和尼爾還有一個在旅舍認識的瑞士人拉菲，站在櫃檯前面，討論要去參觀哪些景點。

「我們旅舍有兩條路線，A線只要花六小時，會帶你去帝王谷和哈布神殿。B線則是要花一整天。」澳洲籍的老闆娘向我們介紹道。

「那，這個熱氣球行程呢？」我問道。

「熱氣球是一大早出發，可以在熱氣球上看日出。幾乎每個來路克索的都會搭，很棒的。」

「哇，聽起來不錯耶，你們覺得怎樣？」熱氣球是這裡最熱門的行程，只是要價有點高，將近一百美金。

「好，我加入！」拉菲看起來興致很高昂。

「嗯，我還是算了，我現在預算超級緊……」尼爾面有難色。

「走嘛，在熱氣球上看尼羅河的日出耶！」拉菲鼓吹道。

「是啊，我們這次出來，不就是想好好看看這世界嗎。你以後可能沒機會再來了對吧？錢再賺就有了，這可是一生一次的經驗啊！」我也加入推坑行列。

「好，你這句話說得有道理，錢的確是什麼時候都可以再賺。我也加入吧！不過我可能要請我老婆先幫我匯點錢了……」

「喔耶！」我和拉菲同聲歡呼。

「所以你們三個熱氣球囉？確定的話先付訂金，我打電話去訂位。」老闆娘馬上拿起手機準備撥號，很會做生意。

「對，我們三個！那回來之後可以直接參加A行程嗎？」我問道。

「可以啊，我們很多時間有限的客人就是這樣玩的。」老闆娘回道。

「你們覺得怎樣？」我轉頭問尼爾和拉菲。

「沒問題。我加入。」拉菲爽快地說好，尼爾也點點頭。

我們三個下午先到附近的卡奈克神廟參觀。我們走進景區大門，先是感嘆：現在應該是這裡的旅遊旺季啊，旅客竟然少到這種程度！隨後就感到慶幸，因為不用和其他遊客人擠人。走進神廟後，看到壯觀雄偉的巨大石柱和浮雕，又驚訝得說不出話。這可是五千兩百多年前的建築啊，歷史比吉薩金字塔還悠久，到底是什麼樣的外星科技建成的？

隔天我們一大早就起床，先有車載我們到尼羅河邊的碼頭，然後在船上吃點簡單的早餐。等所有遊客到齊後，船把我們載到西岸，之後再上另外一台車，將我們載到熱氣球基地。日出東昇，日落西沉，所以尼羅河東岸代表生，西岸代表死，所有西岸的神廟都和死亡有關，我們等一下就會從空中俯瞰帝王谷等和死亡有關的遺跡。

到了起飛基地，我們魚貫下車，工作人員還在準備，熱氣球每個都還是乾癟癟的狀態。早上的天氣很冷，我不停向掌心呼氣，然後猛搓手掌。這時候聽到「轟」的一聲，我們的加熱器開始噴火了。我趕緊跑過去，把手伸出去取暖。

卡奈克神廟的巨大石柱。

熱氣球很快地鼓了起來，慢慢地從平躺的狀態甦醒，然後整個膨脹直立起來。駕駛和工作人員先跳上籃子，我們再依序上去。之後駕駛和我們說明注意事項，基本上就是抓緊就好啦。起飛的時候一點感覺都沒有，就忽然發覺，怎麼地面上的東西慢慢變小了，這時我們人已經在半空中了。

上升到一定高度後，我們可以俯瞰整個路克索古城，發現整片大地被一分為二，被尼羅河灌溉的地方是一片綠色的農田，另一邊就是黃澄澄的沙漠和遺跡，對比相當強烈，尼羅河真的是這塊土地的生命之源。然後太陽出來了，陽光把本來死氣沉沉的黃土一下染成金色，實在太壯觀了。

尼爾拿著相機狂拍，一邊說：「實在是太驚人了，幸好有上來，太值得了。」
我們在一旁附和：「是吧！這景色太不可思議了。」

回旅舍後，我們的導遊已經在等了，我們隨便抓了一些零食水果就又上了車。第一站是哈布神殿（Medinet Habu），這是為了舉辦拉美西斯三世的葬禮用的，花了幾十年去建造的雄偉神殿，竟然只是為了幾天的葬禮，難怪這國家會倒。雖然投資報酬率極低，但留下來給後世的寶藏是無價的，這裡給我的震驚又勝過卡奈克神殿，到處都是巨大的文字、雕刻、壁畫，經過了三千多年，壁畫顏料的顏色還是清晰可見。帝王谷則是個埃及帝王的陵墓聚集地，讓我想起中國的陝西甘肅一帶，也是到處都埋皇帝。

雖然路克索實在太好玩，但我們得繼續趕路。在Boomerang享受了豐富的早餐後，我們整裝待發。結帳時一人只要大概台幣一千二，其中包括三天住宿，三頓我此次旅程中最豐盛的早餐（除了基本的吐司和咖啡以外，還有優格、煎蛋、鮮榨柳橙汁、牛奶麥片、數種起司和番茄小黃瓜），以及N瓶在天台上享用的冰涼啤酒！

我們和拉菲道別，相約亞斯文。穿過一些砂石路後，很快就接上主要幹道，繼續往南，今天我們計畫先沿著尼羅河向南走四十公里後，往西接上西部沙漠公路，

熱氣球上俯瞰路克索。

再往南到達亞斯文。雖然這麼騎會繞一點路，但尼羅河畔到處都是把我們當作外星人或者財神爺的鄉民，連停下來休息都不得安寧，遑論找地方紮營了，只好盡量避開這一段。

這四十公里美極了，沿著平靜的尼羅河，四處都是綠油油的農作物，車輛和人群都不多，尼爾直接噴了兩小時沒停，才找了個河畔停下來補充熱量。

「真爽啊！」他說：「騎上腳踏車，好像可以就這樣一直騎下去，不管哪裡都到得了。」
「可不是嗎？以前騎機車時，總覺得二十公里好遠，現在呢？還好嘛，一個小時就到了。」我說。

看看四周的景色，好像又回到歐洲的多瑙河畔，我們享受美景，吃點餅乾補充熱量，心情愉快得哼起了歌，一點都不知道接下來有什麼在等著我們。

繼續出發後，我們往西跨越了尼羅河，到了一個叫作伊斯納的小鎮。路開始變小變爛，柏油路不見了，到處都是坑坑疤疤的石頭，不時還會出現我最討厭的沙堆，隨時都可以讓我後輪打滑摔車。就這樣掙扎了好一陣子，這條路進了鎮裡，有個小朋友騎腳踏車跟著我們，對我們嘰哩咕嚕說了一堆話，我跟他搖搖頭說聽不懂。結果他開始呼朋引伴，霎時間出現了四五台腳踏車包圍我們，如影隨形，一直對我說啥「Ala is good」「Alibaba」，像錄音機樣一直重複，有時候還會騎到我前面，讓我得隨時煞車閃躲。

本來路已經夠爛了，現在多了這些死小孩，變得更寸步難行，有些在路邊的甚至試著拉我，向我要錢，我不理他，他還伸手拔我的車錶，幸好沒被得逞，但我隱約覺得不太妙了。就這樣折騰了半小時，更糟的情況果然發生了，升級版出現——忽然冒出了四五台騎著檔車的青少年，有的三貼，有的甚至四貼，在我們四周呼嘯叫囂，有的還伸手推我的腳踏車，就是要我們停下來給錢。

看他們凶神惡煞的樣子，心裡著實害怕。我什麼都不想，全身的注意力都用在保持平衡努力往前騎，那時我彷彿處於電影裡飛車追逐的場景，不管怎樣就是要拚命繼續前進，如果不小心被擋下來或摔車了，那下場就是被抓起來。就這樣過了半小時，他們看我們始終不屈服，終於放棄一鬨而散。

被這樣一鬧，我們偏離了本來的路線，得繞路多走大概十公里。當我們又回到荒涼的沙漠時，我從來沒有覺得沙漠竟是這麼的可愛。我們在路邊喘息，餘悸猶存，一致決定避開這些鄉間小路，挑大路走就對了。

雖然在埃及常遇到這種死小孩，我還是一直提醒自己，這裡百分之九十九都是好人，一路上不斷有路人或司機對我們比讚，按喇叭幫我們打氣，和我們說歡迎來到埃及，千萬別讓這不到百分之一的人壞了我的心情。

亞斯文是個旅遊和貿易大城，人口大概三十萬，氣候乾燥炎熱，已經八年多沒下過雨了。我們走在路上，被太陽曬得哀哀叫，真不敢想像這裡夏天會是什麼狀況。我們在這裡取得蘇丹簽證，做好補給之後，繼續前進。

之後又是長達三百公里的沙漠公路，我們的目的地是埃及最南邊的小鎮阿布辛貝，那裡有埃及最著名的景點——阿布辛貝神殿，我們將在那裡跨越尼羅河，前往蘇丹邊境。我們帶了大概兩天份的食物和水，全部裝上車後，整台車大概超過七十公斤，比我們的體重還重。沙漠公路雖然單調無聊又熱死人，但我真的很享受在這裡露營的感覺。只要離開道路把車往裡推個幾百公尺（很吃力就是了），馬上就是一望無際的營地，想在哪裡紮營就在哪裡紮營，想在哪裡拉屎就在哪裡拉屎。

在這裡我感受到了自由。

這段路幾乎是一片荒蕪，什麼都沒有，天氣很熱，白天氣溫接近四十度，我們要找個遮陽的地方都沒有。有次我發現一個電塔旁邊有一點陰影，騎過去想要休息

喝個水，結果有個穿得很破爛的人走出來，伸出手來作勢向我們要錢。我不想理他，繼續吃我的水果，結果尼爾爆發了。

「你向我收這個陰影的錢？你們是怎麼搞的？善良的人性呢？我實在不敢相信……」
「@#$%#@%#$!%!@」那個埃及人講了一堆我們聽不懂的話。
「你知道嗎？就是你們這種人，讓我以後都不會想再回來了，絕不！」

尼爾不管那人聽不聽得懂，繼續說個不停，似乎想把這一陣子被埃及人坑的怨氣都發洩出來。

我在旁邊勸他：「嘿，別這樣。」
「別怎樣？」似乎天氣太熱，他火氣很大。
「你自己氣得要死，他又聽不懂，何苦呢？」
「這些人真是不可理喻……」

尼爾不想久留，牽著車就要離開，我也推車跟上，那人還在後面念念有詞，好像在講阿拉怎樣的，尼爾又回了他一句：「阿拉只會詛咒你！」

隔天剩下大概六十多公里，我決定飆一下速度，把心跳帶戴上，試著把心跳維持在一百六左右，乘著時速大概二十公里的順風，竟然不到兩小時就到了！以一台七十公斤的車來說算是難得，好久沒飆車了，加上終於完成埃及段的旅程，總長一千兩百公里，相當開心。

阿布辛貝是個相當小的鎮子，商家和旅館都不多，旅客來看神殿，通常都是坐車一日來回。我們找不到便宜的住宿，本來想往回騎個幾公里睡沙漠，但我們都累了，咬著牙入住一間可以看見湖景的高級旅館，還有游泳池，叫作妮菲塔莉（Nefertari），沒錯，就是以拉美西斯二世最愛的皇后命名的。
到了大廳，看到鑰匙櫃上滿滿的鑰匙，難不成就只有我們一組客人！？可見埃及

旅遊業的慘況。路克索的導遊說，本來這個時候一天平均會有一萬個遊客，現在連八百都不到。

原本的計畫是坐隔天一早的船到對岸，結果得知星期五船不開（每次都忘記星期五是回教國家的假日），只好在這裡住兩晚了，從一晚一百塊美金殺到兩晚一百九，再升級成套房。看到這裡的景觀，我們都覺得還算值得，就當作完成埃及的獎賞吧。

隔天去參觀神廟，遠遠的就可以看到直接在山壁上開鑿而成的四個巨大雕像，這是拉美西斯二世蓋來宣揚國威用的，想像自己是三千多年前的鄉民，到了這裡一看，不雙膝一軟跪下來才怪。

晚上我在飯店買了瓶台幣高達一百三的啤酒，也請了尼爾一瓶，我們在游泳池畔看著夕陽，慶祝在埃及的最後一天。明天就要前往蘇丹了，那裡是個嚴格禁酒的回教國家，可能要好一陣子無法喝啤酒了。說真的，想到這個以往絕對不可能出現在我旅遊名單的國家，現在竟然有點期待呢。至於埃及，經過這一番折騰，我們一致認為，就把它當成bucket list上的一個項目，劃掉就算了吧。

QR code map

尼羅河畔風光。

荒漠風景

我和尼爾在討論蘇丹的計畫時，很容易就達成共識——騎得越快越好，除了必要的休息以外，不要做無謂的停留！原因如下：

第一，蘇丹完全不是個旅遊國家，境內也幾乎沒有景點，從網路上根本找不到任何旅遊資訊。
第二，戰亂頻繁，2011年南蘇丹獨立後，內戰依然不斷。
第三，物資極度貧乏，尤其是北部，整片都是荒蕪的撒拉哈沙漠。

蘇丹目前被美國的和平基金會列為失敗國家指數第五名，外交部把這裡列為紅色警示，各種指標和線索都建議我們沒事不要亂闖，但我們沒得選啊。

第一眼看到蘇丹的景色，我們都傻了，真的是什。麼。都。沒。有……肉眼能看得到的，就是往前的馬路、天空、然後就是廣闊無邊的沙漠。我和尼爾對看了一眼，他也睜大眼睛，露出驚訝的表情。

走吧！第二個非洲國家，我們就用最短的時間解決它吧！

我們不久就到了第一個鎮子：瓦迪哈勒法。這裡的建築大都是矮小的泥磚房，有的小商店似乎是隨便用木頭和鐵皮搭起來的，當然，最大的建築一定是他們的信仰中心：清真寺。

這裡的鄉民不是我想像的那樣，每個都穿著回教的白袍，其實大部分的人都穿著普通的襯衫和長褲。可能是很少看見外國人吧，一見了我們兩個，幾乎每個人都很熱情地打招呼或比出大拇指，雜貨店的老闆看到我們在門外，馬上迎上前來熱情招呼，挽著我的手進店裡，問我們需要什麼，得知我們想買水果，還吩咐另一個人帶我們去。小孩看到我們，也只是咧嘴露出傻笑，不會像埃及那樣一直「哈囉哈囉 Money Money」無限迴圈。

我可以很清楚地感覺到蘇丹人的好客，和埃及那種「生意人」的熱情截然不同，他們是真的竭盡所能想要幫助你，不帶任何目的。我幾乎一下子就喜歡上這個地方。

我在一家賣手機的小店買了張SIM卡，儲了值後開通數據網路，這裡雖然只有2.5G，但我只要能和女朋友報平安就好。我們採買完畢後，找了家餐廳坐下來，點了米飯加烤雞肉，再加一瓶可樂，吃得相當開心。吃完付錢才發現不便宜，一人要台幣一百，可能是肉比較貴吧。

我們發現這裡的商店門外都會有一罈水，我比了個喝水的姿勢，問問老闆這水能不能喝，他點點頭，隨手拿了個杯子，舀起一杯水就喝了一大口。我們半信半疑，拿了個透明寶特瓶裝滿水，觀察一下水質如何。

尼爾說：「看起來很清澈耶，應該沒問題吧。」
「真的嗎？那……你先喝喝看。」
「吼，怕什麼……」他咕嘟、咕嘟喝了兩大口，說：「看吧，沒問題啊，又沒有什麼怪味。」
「是嗎？好吧！」我也不甘示弱，喝了一小口。

在蘇丹，只能從路邊的罐子裝水，到底裡面的水是哪來的？

我想，如果水真的不乾淨的話，尼爾喝進去的細菌應該比較多，他會先發病，先觀察一下好了，哈哈。於是我們把身上所有的容器和水袋裝滿了水，離開了瓦迪哈勒法，再往南騎了二十公里，離開馬路推車進沙漠，隨便找了個地方紮營。

我望著這片無邊的黃色大地，看著太陽慢慢接近地平線，心裡感到無限的平靜，這是在埃及完全沒有感受過的。我們燒開水泡了杯茶，悠閒地看著沙漠裡的晚霞。

第二天小賴個床，五點半才起床，天色還黑得很。一出帳篷，我看得都呆了。月亮這時已經下山，滿坑滿谷的星星佔據了天空，本來是夏天夜空中的王者──天蠍座，現在高高掛在清晨的天邊。

這趟路沒前一天好騎，不只地形起伏變大了，連風向也怪怪的，再加上路彎彎曲曲的，有時候竟然變成完全逆風。我們在十二點半前拼了一百公里，又餓又累。在一個淘金區形成的市集停下來吃午餐，點了一隻炸全雞和鮮榨葡萄柚汁（超級好喝！）以及燉馬鈴薯等，吃得超飽，休息一下，才有力氣繼續上路。

我一看車錶，天啊，氣溫高達三十七度！這是冬天嗎？想起早上起床時才六度左右，這三十度的溫差也太誇張了吧！我們一邊被太陽烤，一邊被風亂吹，體力消耗超快，今天本來想騎兩百公里，應該是無法達成了。騎了兩個小時後，我們停在一間小賣店休息，我馬上連灌兩瓶冰汽水。蘇丹的小賣店比埃及好，冰箱都會插電，埃及的只是裝飾用。

最後我們騎了一百七十公里，累得半死，屁股也很痛。找好紮營地準備煮晚餐，發現剛剛在小賣店裝的水實在髒得很恐怖，之前我們連埃及的自來水和路邊商店外的水都直接喝，看到這種狀況還是怕怕的，聽尼爾在塔吉克斯坦中寄生蟲的恐怖經驗，還是處理一下好了。

於是我拿出——Lifesaver水壺！（請自行加上哆啦A夢音效。）這個水壺價值不菲，聽創辦人在TED上的演講，說小至20奈米的病毒都可以濾掉，一瓶就可濾出四千公升的水！我是在德國Amazon買的，到現在才第一次使用。濾出來的水乾淨又無異味，果然厲害。

晚餐吃完後，我躲到帳篷裡，開始「洗澡」。我們大概還要過四五天才會到首都，如果現在不先清洗一下身體，流汗的量又這麼大，應該很快就會有鹽的結晶出現了。我先把衣服脫掉，把乾巴巴的毛巾攤開，慢慢從瓶子裡倒出水，讓毛巾沾濕。然後開始從頭到腳擦拭身體，尤其是脖子、腋下和胯下這些容易流汗的重點部位。之後刷牙，第一口水把嘴裡的牙膏泡沫漱一漱吐掉，第二口水漱完之後，因為水還算乾淨，我會把這口水用雙手接起來，然後用來洗臉。

如此一來，只要大概兩百毫升的水就可以洗完全身了，雖然聽起來很噁心，但是在沙漠中，水是最重要的物資，只能這樣省著用。雖然很克難，但依照這個方式「洗」完澡之後，身體的確變得比較舒服了。

隔天起床，天氣熱到變本加厲。

上次測到的三十七度是把車錶放在太陽底下曬半小時的數字，不太準確，現在的三十七度則是行進中有風的狀況下的數字。這是哪門子的冬天啊？！

這太陽實在太毒辣，我全身包得緊緊的，臉上也罩了魔術頭巾，但是尼爾堅持穿短褲和短袖，說這樣比較涼快。我的狀況比較好，領先他好一大段。下午一點左右，我到達一個小聚落，看起來不像是有住人的地方，但是加油站小賣店小吃店啥都有。正當我買了兩瓶汽水，一邊等尼爾，一邊猛灌時，有個人跑來問我是哪來的？

「我是台灣來的。」
「你有沒有黃金探測器？」
「啊？」
「就是找黃金用的，像這樣，滋，滋。」他還表演給我看。
「沒有啊，我是來旅遊的耶。」
「喔，是這樣啊！」

然後他就閃了。原來這附近有金礦，但這裡的金礦，是隨便來個人拿個探測器就可以開挖嗎？難怪剛剛看很多人在這一帶下車，就直接走進空蕩蕩的沙漠，原來是找金子去了。

等了半小時，覺得奇怪，怎麼尼爾還沒跟上來，可能是車子出了問題吧。又過了十幾分鐘，終於看到他遠遠晃過來，才知道他後輪整個爆胎了！而且是內外胎一起爆，爆得很徹底。不知道是不是因為天氣太熱的關係，氣打太飽加上空氣受熱膨脹，直接把輪胎撐爆。

我們躲在一間小餐廳，點了一些燉豆子，雖然一點食欲都沒有，還是強迫自己配汽水喝下去。我不停地喝著汽水，看到屋外的沙地，被陽光照得金光閃閃，在更遠的地方，物體都被熱空氣造成的折射弄得扭曲模糊。我一點都不想曝曬在這樣的陽光下，還是趴下來休息一下吧。

我們一直從下午兩點休息到四點多，才有勇氣踏到陽光底下繼續前進。

我們隔天準時五點半就起床，七點準時出發，這時離日出還有半小時，實在是昨天被曬到怕了。這時候氣溫大概十二度左右，穿著長袖排汗衣，剛出發的時候還有點冷，但身體熱起來後就剛剛好，騎起來相當舒服。

早上這五十公里是最輕鬆的一段，身體得到足夠的休息了，氣溫宜人，如果再加上一點點順風，輕鬆騎都可以接近時速二十五公里。我們趁這段時間多趕一點路，因為只要一超過十點，氣溫就會直線上升。若是更接近中午，那時的陽光是會咬人的，吸進去的每一口空氣都熱得好像可以把肺臟烘熟，如果不隨時找到陰涼的地方休息散熱，那種全身熱到好像要爆炸的感覺，真的會要人命。

這天我們會在蘇丹北部第一大城──棟古拉吃午餐，休息一下繼續往東前往凱里邁。越接近棟古拉，總算有越來越多人類活動的跡象，路上也越來越多農田房舍和鄉民。這裡的人屬於努比亞人，和北邊的阿拉伯人長得不一樣，更黑，笑起來更燦爛。

我們到了一個交叉路口的時候，遇到了在蘇丹的第一個警察檢查哨，我和尼爾互看了一眼，我說：「該來的還是會來的。」他說：「見機行事吧。」

我們在埃及時，和一些旅客聊到蘇丹的狀況，得到一些滿令人在意的情報。

他們說：蘇丹和埃及相反，普通鄉民都很和善，但是警察很會刁難人。我們沒有依照規定去警察局花錢註冊，也沒有取得傳說中的「拍照許可」就到處拍照。所以看到這個警察，我們都戰戰兢兢的，生怕一不小心就被抓起來。

這位警察胖胖高高的，皮膚黑得驚人，和眼睛的對比超明顯。他走近了一點，我才發現他屁股露出來了，像周星馳電影裡的醬爆一樣，可能是天氣太熱了吧？

「護照。」我們乖乖地把護照遞給他。

「你們從哪來？」

「我從台灣來。」我說。

「台灣？好，好……」他比了個大拇指，但我不確定他是不是真的知道台灣。

「我是南非人。」尼爾說。

「南非？你是非洲人？」警察英文不太好，指了一下尼爾，臉上充滿懷疑。

「是啊，我是南非的白人，很多人不知道非洲也有很多白人的。」尼爾打哈哈道。

「哦，哈哈哈，你們要去哪？」

「從這裡去棟古拉、凱里邁，然後首都喀土木……」尼爾說。我在一旁一直忍住不去瞄他的屁股溝。

「哦！喀土木，我們的首都，大，大城市！」

他看起來很開心，接著試著說了一些我聽不太懂的英文，好像是在介紹我們有哪些地方可以參觀。他怕我們記不起來，還一再重複這幾個地方的名字，我看到汗水從他的臉上滑下來。

「OK?」他問我們。

「No problem!」雖然我們一頭霧水，但還是這樣回他。

「OK，掰掰！歡迎你們來到蘇丹！」他咧嘴一笑，和他的皮膚再次形成強烈對比。

「謝謝你，警察先生！」我們和他道謝，揮揮手繼續前進。

一騎到馬路上，我馬上跟尼爾說：「他根本超親切友善的啊！」

「是啊，跟傳聞的根本不一樣嘛！」

沙漠中的晚霞。

QR code map

天沒亮就出發，邊騎邊看日出。

破風

這裡的主要交通工具似乎是驢子，看鄉民們騎著小毛驢，身體和腳還一邊跟著驢子的腳步上下跳動，實在可愛極了。路上的鄉民看到我們，都會向我們招手問好，幾乎沒有例外。我們就這樣一路和鄉民揮手致意，一路騎到了棟古拉，一點都不覺得累。

從這裡的人們的眼睛和笑容，很容易就可以看出來，他們是真的很開心看到你，歡迎你來到他們的國家，也很真心地為你加油，今天這段小小的路程，我至少收集了有一百個讚吧。

棟古拉是一個很熱鬧的地方，市中心有個市場，裡面似乎什麼都有，街道上也到處都是餐廳和商店。我們隨便選了一家餐廳，把腳踏車丟在路邊，連鎖都沒鎖，就走了進去。這是我旅行到現在，第一次有這種感覺，我知道我把腳踏車放在路邊，一定不會弄丟。蘇丹這個國家和人，給了我前所未有的放鬆和安心。

我們吃完午餐後，就在店裡休息。尼爾拿出筆記本寫日記，我把所有的電子設備和行動電源拿出來充電，然後到街上去做些採買。天氣實在太熱了，才在街上走

沒幾步，我又被烤得頭昏眼花。回餐廳後，用他們後院的水龍頭洗了一下頭（這是我進蘇丹第一次看到水龍頭），那種幾乎令人窒息的熱才散去些許。

我們就一直休息到下午四點，才準備出發。當然，出發前我們還是把水全部補滿，一人大概帶了十公升的水，因為接下來到凱里邁，我們要越過一百七十公里的沙漠。

其實我們是有點擔心的，到了蘇丹之後，用水量大增，一個人一天就要喝掉四、五公升的水，其他的用來煮飯、盥洗，一個人一天大概要用掉六到七公升。幸好一路到這裡，每隔七八十公里，就會有一個小村子或小聚落可以補水，我們才沒陷入缺水危機。但是從這裡到凱里邁的這一百七十公里，只有「聽說」中途有一個補水點，其他什麼都沒有。

其實這條路是繞了個大遠路，我們的目的地是一個列入聯合國世界遺產的遺跡，叫作博爾戈爾山（Jebel Barkal），這是一座平台狀的山，埃及人相信這是主神阿蒙的家，山腳下有祀奉阿蒙的神廟和一堆小金字塔。尼爾一直想到這裡看看，拍一些很酷的照片，如果可以的話，看有沒有機會在金字塔旁邊露營。

我們下午四點才正式上路，溫度計上面竟然顯示四十度，這實在太瘋狂了。我們騎了大概四十五公里，看到一個瘦巴巴的人在路邊閒晃，我和他打招呼，他也很熱情地振臂替我加油。但我覺得奇怪，這方圓四十公里根本沒有半點人煙，連車子也久久才見到一台，他老兄在這裡幹嘛？又是怎麼來的？是坐車坐到一半因為某種原因被丟包？還是他在測試自我的極限，想看看自己能走多遠？

隔天不再是一路往南，順風的優勢沒了，很多時候風是從側邊吹來的。這裡離凱里邁還有一百三十公里，我們提早一點起床，以我們前幾天的速度，搞不好有辦法在中午左右抵達，到時還可以找個地方坐下來，愜意地吃午餐。

於是天還沒亮我們就出發，東邊的天空已經慢慢變紅，回頭一看，月亮竟然還掛

在西邊的天空上，這景色讓我們開心極了，不斷停下車拿出相機拍照，直到快九點時，才發現不對勁。

怎麼今天吹的是從東邊來的大逆風啊？常騎車的朋友就知道，逆風比起上坡更令人厭惡百倍！上坡雖然累人，但你知道等一下一定會有下坡在等著你，但逆風就是純粹消耗你的努力而已。

前幾天不花什麼力氣，就能將時速維持在時速二十五公里左右，現在使出吃奶力氣硬踩，頂多也才十五公里。我騎到面目猙獰，汗如雨下，騎了四十公里，到了傳說中的補水點，竟然是三個在沙漠中的大泥桶！桶子旁邊插了幾根樹枝和鐵條，搭了個簡單的棚子，棚子頂也只橫擺了幾根樹枝，連陽光都擋不了，實在不知道有什麼用。

其實這一路上，我們都是從這樣的桶子裡補水的，只是這些桶子大都放在店家的門口，或是供人休息的涼亭，像這樣放在一望無際的沙漠中間，還真是第一次看到。從路邊遠遠望過去，我懷疑裡面有沒有水，走近一看，還真有！而且還不少！這些水到底是哪來的啊？尼爾馬上就拿起桶子旁邊的不鏽鋼杯，舀了一杯咕嚕咕嚕喝下肚，我也把我的空寶特瓶全部裝滿。

休息了半小時，我跟尼爾說，看來今天我們得輪車了。這就是兩個人一起騎車的好處，於是我們一人騎十五分鐘，輪流在前面破風前進。越接近中午風颳得更猛，根據即時氣象，風速已經飆到時速三十公里，我們不管怎麼使勁踩，時速才不過十出頭。

在這種極端惡劣的天氣下騎車，體力和飲水都消耗得特別快，我們每過一個小時，就得停下來休息，讓身體適度散熱。大部分的時間，我們連一點遮蔽物都找不到，只能縮成一團，躲在腳踏車形成的陰影底下稍作喘息，但這招在中午就行不通了，我們只能把身體縮到最小，盡量減少被陽光照到的面積。

沙漠中的神奇水罐。

熱到令人抓狂，中午只能在這樣的建築物中躲著。

因為找不到適合的地方煮午餐，我們只能吃點乾糧硬撐著，身體的能量不夠，前幾天累積的疲勞——浮現，大腿還好，但是屁股和髖關節實在痠痛到不行，再加上氣溫又漸漸逼近四十度，我的飲用水幾乎喝完了，現在只能省著點喝。我要求自己每喝一口水，只能含在嘴裡，不能直接吞下去。但不管我怎麼騎，四周都還是杳無人煙的沙漠，我騎到幾乎崩潰。

「嘿，尼爾，你還好嗎？」我用虛弱的語氣問道。
「我好累，你呢？」尼爾聽起來也沒好到哪去。
「我覺得我們得找地方煮點東西吃，我快沒力了，恐怕沒辦法騎到凱里邁……」
「同意，我也快餓翻了……」

於是我們繼續輪車，強勁的逆風繼續吹，邪惡的太陽繼續烤，我重複著機械式的動作，不斷向前踩踏，腦裡只有一個念頭，我想趕快騎到，我想趕快騎到，我想趕快騎到……

一個半小時後，我們看到遠處有一些看起來像是廢棄房屋的地方，就是那裡了！我們擠出所剩無幾的力氣緩慢前進，覺得那房子明明就近在眼前，但卻怎麼騎都騎不到。好不容易接近了，發現房子離道路還有大概一百公尺，我們死命把車子往沙中推，推啊推，推啊推，就差一點了！！！

當我把車成功推進屋子裡後，馬上把衣服脫到只剩下短褲一件，然後把帳篷地布打開往地上一攤，直接躺平，一動都不想動。雖然屋子裡氣溫至少也有三十幾度，但跟外面的毒辣陽光比起來，這裡簡直是天堂了。

稍微躺了一下，我們把爐具拿出來，煮了兩包泡麵，把昨天買的柳丁和甜瓜全嗑了，之後我就倒地不起，不管多少蒼蠅在我身邊圍繞，在我臉上爬，我都沒力氣理牠們了，林北真的需要睡一下。

大概睡了半小時吧，才覺得又活了過來，算算剩下的水，應該足夠我們撐過剩下

的三十公里，況且從這裡行進方向會逐漸往南，再也不是完全逆風，應該會比剛剛輕鬆許多。

雖然再次走入陽光底下真的很幹，但休息過後體力總算回來些，我打頭陣先走，風沒有上午噁心了，我的速度又提升到二十公里，我精神一振，又催了一下速度拚了個上坡，之後隨著方向逐漸往南，我知道我們完成今天的挑戰了。

於是笑容又回到我們臉上，開始談論回到台灣後第一個東西要吃什麼，他說他要吃市府站附近的酪梨培根三明治，我的話當然是廖家牛肉麵。後來又聊到幾個月之後到了南非，要怎麼慶祝等等，越想越開心，就這樣，我們騎了一百四十公里，穿越了這片死亡沙漠到了凱里邁。

我們在一間小店停了下來，直奔冰箱，拿了一瓶冰涼的可樂馬上牛飲了起來，那真是無與倫比的享受。吃了晚餐後，買些明天要吃的乾糧，把水全部裝滿，我們終於在太陽剛下山後，到了這幾座金字塔底下，對，就是讓我們繞了遠路，還騎到差點掛掉的金字塔。這三千多年歷史的世界遺產，就這樣擺在路邊沒人管。

我們小心翼翼地繞過警察的監視，將身體壓低，偷偷摸摸把車推到金字塔底下，我們今天就要在這裡露營了。看著夜幕低垂，如太陽般明亮的月亮從金字塔背後升起，感覺木乃伊隨時會從金字塔門口跑出來。看到這種電影裡才會出現的超現實場景，今天的辛苦也算值得了。

QR code map

夜宿世界遺產。

旅行吧！

青年旅舍對背包客來說，是一個探索世界的根據地。它通常位於某個國家的首都，或是旅遊景點周邊。這裡的住宿價格大都很便宜，背包客還可以獲得各種旅遊資訊，最棒的一點就是，你可以結交世界各地來的朋友，交換彼此的故事，甚至結伴出遊。

所以每到一個地方，我一定先找找看有沒有青年旅舍可以住，沒有的話才考慮普通旅館。但我沒想到在蘇丹首都喀土木這個地方，竟然也有青年旅舍，我在寂寞星球上看到這個訊息時，心想，這間青年旅舍應該是全世界生意最差的吧。到了才發現，果然沒錯。

我們大概是下午四點半到的。雖然它在一條大馬路上，但我們第一次經過的時候竟然沒注意到——外觀實在太破啦。把車子推到門口，我甚至懷疑它是不是倒了。推門進去，接待區沒開燈，櫃檯相當凌亂，一個人都沒有。我向尼爾雙手一攤，他也一臉疑惑。

這時通往庭院的門打開，走進來一個人，看起來不像當地人，他對我們說：「你

喀土木青年旅舍中的旅人。

們要住這裡嗎？負責的人出去了，你們進來等吧。」我鬆了一口氣，幸好這裡還在營業。

我們把車推向後院，發現這裡其實滿大的，左側有一棟兩層樓的建築物，應該就是旅舍的房間，後院大概有籃球場這麼大，有棵很大的樹，我想晚上就在樹下紮營吧。另外還有兩台休旅車停在那，白色的是Toyota，墨綠色的是Land Rover，兩台都有車頂帳篷。

院子有一張白色的桌子，有幾個人坐在那邊聊天。他們看到我們，紛紛站起來向我們打招呼。我們先把車靠牆停好，和他們一一握手。

「喔我的天啊，看看這兩個腳踏車騎士！嗨，我叫蘿倫！他是豆子，『聽說』是我的男朋友。」一位大概和我一樣高、瘦瘦的金髮女生很爽朗地介紹她自己和男伴。

「嗨，我是豆子，你們好。」豆子看起來比蘿倫矮一點，他留著落腮鬍，反戴著一頂棒球帽。

「你們好，我叫威爾。」一個也是矮矮的、留著大鬍子的男生說。

「嗨，我叫喬許，我是和威爾一起的。」另一位男生從白色Toyota那邊走過來。

「天啊，我太興奮了，終於遇到傳說中的腳踏車騎士了！我朋友都覺得我們開車穿越非洲很瘋狂，我說：『你們沒見過更瘋狂的。』像你們就是！我一定要聽聽你們的故事……」蘿倫連珠炮說個不停，看起來相當爽朗健談。

「拜託，先讓他們休息吧。」豆子在旁邊拉著她。

「哦，對對對，你們一定很久沒洗澡了吧？淋浴間就在那邊。」蘿倫說。

「對了，我們幾天沒洗澡了啊？」尼爾問。

「整整八天！創了我連續沒洗澡天數的紀錄！」我掐指一算，說道。

「齁齁齁，等一下的冷水澡一定超爽的啦，等會見，大夥。」尼爾拿出他的換洗衣物和盥洗用具。

「是啊，等不及啦！」我也拿出我的東西，赤著腳走向浴室。

當蓮蓬頭流出有點溫的水（外面氣溫太高了），從我的頭淋下去那一刻，我幾乎都要呻吟出聲來了，實在是無與倫比地爽啊。我低頭一看，流到腳邊的水都變成土黃色了，就知道我有多髒，我洗了三次頭，才把卡在頭髮中的細沙清洗乾淨。洗完走出去時，尼爾已經坐在那裡喝著茶，和大家聊天了。此時又加入了一位德國女生喬安娜。

蘿倫和豆子是加拿大人，他們之前的工作是社工，辭了工作後變賣所有家當，飛到英國買了台二手Land Rover，搭船到蘇丹後，準備一路開到南非開普敦。威爾和喬許是英國人，也是有志一同，目標開普敦。喬安娜是個護理師，在附近的NGO工作。

我們各自分享了彼此的計畫，和為什麼要走這一趟的原因。其實原因很相似，既然生在這個世界上，如果不把握機會多看看這個世界，那多可惜啊。我們聊了一會，天色有點暗了下來，我和尼爾先去把帳篷搭好，然後各自去洗衣服。

晚上睡覺時，我依照前幾天的習慣，不把睡墊拿出來，直接睡在帳篷裡。沒想到

這裡和沙漠中不一樣，被太陽曬了一整天，整個地板都是燙的，我熱得要死，翻來覆去睡不著，一直到凌晨兩點左右才涼了下來，我才漸漸入睡。

隔天一早有個傳奇人物入住了，他是我和尼爾從埃及就一直聽說的澳洲腳踏車騎士，叫作耐吉。他已經六十幾歲了，四年前跟他老婆離婚後，想說孩子也大了，人生已經毫無牽掛，不如就騎腳踏車環遊世界吧。從那時候開始他就一直在路上了，他準備騎到肯亞首都奈洛比，和他的兩個兒子會合後，再一起騎到開普敦。

我和尼爾看到陪他征戰四年的腳踏車，都很有興趣，靠過去品頭論足一番，他從手把綁了兩條舊內胎到前貨架上，我們在研究這到底是幹什麼的。

「嗨小伙子，在看我的車嗎？這可是輛好車呢。」耐吉走過來說。
「是啊耐吉，這兩條是做什麼用的？」尼爾問。
「哦，這個是提供緩衝，用來支撐前手把袋用的。」
「哇！這實在太聰明啦，剛好我也有這個困擾，我的相機太重了，前手把袋的扣環壞掉了，我一直很困擾，我也要來裝兩條。」尼爾好像發現新大陸，相當開心。
「對啊，這很好用呢，還有你看我這根棍子，拿來駐車剛剛好，到衣索比亞還可以用來趕跑那些死小孩。」

於是耐吉把他四年來的騎車經驗教給我們，我們聽得津津有味。

「對了，小伙子，你們接下來怎麼走？」耐吉問。
「也沒什麼特別計畫，就沿著主要道路通過衣索比亞，直接進入肯亞囉。」尼爾說。
「別走這條路！無聊死了，我跟你們說……」耐吉把他的紙本地圖拿出來在桌上攤開，繼續說：
「跟你們說，從衣索比亞進肯亞，不要走摩亞雷，這條路既無聊，進了肯亞還有可能遇到盜賊。」

「對，我也有聽說，走這條路進肯亞後，路會變得超爛。」威爾這時走過來加入討論。

「那怎麼辦？從地圖上看起來，這是唯一的路啊。」尼爾問。

「不，我跟你說，我打算走一條很少人走的路，從康索這個小鎮往西走，有一條路通往奧莫拉特，那附近有一些衣索比亞的傳統部落。」

「哦對，我有在書上看到，部落裡的女人會把盤子塞到嘴裡。可是地圖上到這裡就沒路了啊。」我說。

「沒錯，就是這些神祕的部落，來衣索比亞就是要看他們啊，要不然就白來了。地圖上雖然沒路，但你只要過了奧莫河之後，實際上有一條小路通往肯亞的邊境，這條路有趣多了。」

「喔？聽起來很不錯耶，修修你覺得怎樣？」尼爾感覺興致勃勃，問我道。

「聽起來有趣多了，就走這條吧！」我似乎聞到冒險的味道了。

「但是有一點要注意，你們可能要多帶點水，因為到肯亞邊境前，你們可能要先通過二十公里的無人沙漠。」耐吉補充道。

「才二十公里，還好嘛，我們之前經歷過更糟的。」尼爾很有自信地說，完全不知道那裡有什麼危險在等著我們。

「喔對了，我推薦你們在衣索比亞的時候，可以去住一間營地，叫作Tim and Kim Village，位於一個叫作戈爾戈拉的小鎮，就在塔納湖邊，聽朋友說那裡超級漂亮，我們過幾天就會過去住。」蘿倫也走過來提供資訊。

「好啊，聽起來太棒了，那我們就不去坑殺有錢人的貢德爾，改去這裡，你覺得怎樣，修修？」尼爾似乎越來越興奮了。

「沒問題！」

之後我們討論接下來的旅程要注意的事情，衣索比亞的死小孩是大家都耳熟能詳的，他們會對外國遊客丟石頭，尤其我們騎腳踏車的更要特別注意。我忽然想到一件事情，問大家道：

「對了，從哪裡開始可能會遇到獅子啊？」

其實我和大家一樣，一想到在非洲騎車，第一個擔心的就是會不會遇到我們的獅子王──辛巴和牠的可愛小伙伴們，我還常常認真地設想，如果真的有一隻獅子向我衝來，我該怎麼應對。

沒想到尼爾一派輕鬆：「還好啦，他們大都在晚上狩獵，到時候只要躲在帳篷裡不要出來就好，你該擔心的倒是那些比獅子小很多的小王八蛋……」
「啥？」我問。
「蚊子啊！非洲是全世界最大的瘧疾疫區，每年因為瘧疾喪命的人比AIDS還多哩！」

我當然知道，出發前我已經去看過旅遊門診，花了六千多塊，挨了兩針，拿了一堆藥，裡面包括四個月份的抗瘧疾藥。

仔細研究接下來的路線。

229

「說到這裡，你們都開始吃瘧疾藥了嗎？」尼爾問大家。

「我沒帶瘧疾藥耶，也沒打算去買。」耐吉不以為意。

「還沒耶，不過我們打算開始吃了，你的是哪一種？」蘿倫問道。

「我的是Malarone，是在路上遇到的朋友沒吃完送我的，聽說副作用最少。」尼爾說。

「天啊，這東西台灣也有，但一顆要價台幣三百，換算成美金一顆快十塊耶！而且得天天吃，我沒那麼多錢，拿的是Mefloquine，一個禮拜吃一次就好。」我說。

「可是我聽說有些人吃了這個藥，會產生很多副作用，像是幻覺啊、做噩夢等等。」尼爾說。

這時候德國女生喬安娜也加入討論：「當然Malarone是最好的，可以拿來預防也可以拿來治療瘧疾。但其實Mefloquine很有用，如果發現自己有感冒症狀，一定要趕快到醫院去驗血，如果沒有辦法在二十四小時內看到醫生，趕快吃一顆Mefloquine，然後盡速就醫。」

蘿倫聽了鬆一口氣：「原來還有救啊？我以為如果得了瘧疾就只能等死了。」

「沒那麼誇張啦，只是不能掉以輕心就對了，我們不像當地人一樣有某種程度免疫能力，一不小心真的可能會送命的。」喬安娜說。

後來大家又交換了許多恐怖的瘧疾資訊，搞得人心惶惶。尼爾聽了有點擔心，說：「我的Malarone只有兩個月份，本來想要等到肯亞再開始吃，但看起來就連蘇丹南部也是疫區，我還是得買一些別的藥，不知道有什麼好選擇？」

喬安娜說：「最便宜且普遍的就是Doxycycline了，但它基本上就是抗生素，會殺掉你體內的所有細菌。」

管不了這麼多了，先保自己的小命再說，我們到最近的藥局去，問店員有沒有這個東西，然後把店裡的五盒存貨全部掃光，再多買兩條防蚊藥膏，之後再到超市去買了接下來一週的存糧。全部搬回營區，一看之後啞然失笑——我們不只可以開雜貨店，還可以開藥局了！把東西全部裝上車後，全車重量來到歷史新高，大概八十公斤左右。

短短的兩天,我們結交了好多朋友,得到很多有用的資訊,甚至把我們的計畫大改了一番,這就是青年旅舍的魅力。隔天我們準備就緒,和大家珍重再見,希望之後在非洲還有機會見面。

從喀土木到衣索比亞邊境還有五百公里,依舊是黃沙滾滾、極度炎熱的沙漠,我現在看到五十度都不會太驚訝了。我一邊騎著,一邊思索著在蘇丹遇到的人事物。蘇丹從一個我本來只想快速通過的「想像中」的危險國家,變成最令我回味再三的地方:一望無際的沙漠,絕美的日出、晚霞和星空——但現在名列我這次旅途第一的,是蘇丹人的友善、熱情以及給人的溫暖。

蘇丹不能隨便拍照,想拍照還得申請許可,所以我一路上都不敢造次,生怕被「聽說」很硬的警察刁難。直到最後幾天,我們在一間小店吃午餐,我實在忍不住,問了人超好的老闆可不可以跟他拍張照,他很開心地說沒問題。

雖然只有一張照片,但我們遇見的所有蘇丹人,不管胖瘦,老少,身著傳統服飾或是襯衫,都是這樣黝黑的臉龐,白到發亮的牙齒,真誠的眼神,和熱情的笑容。他們很多人都會說些簡單的英文,像是「How are you?」「Welcome to Sudan!」等。他們是真心開心看到你,歡迎你來到他們的國家。他們雖然人窮,但是志不窮,我們幾乎沒有遇到乞丐。

餐館的老闆用這樣的臉細心地幫你擦拭桌椅,適時遞上水和麵包;對向車道的駕駛,先閃幾下黃燈,示意他有看到你了,你往駕駛座望去,就會看到這樣一張黝黑的臉和潔白的牙齒對著你笑,向你比讚;在路邊的屋簷底下,一群人用這樣的臉為你加油打氣,你望過去,卻只看得到一對對潔白的牙齒咧嘴而笑——他們皮膚真的太黑了;我在蘇丹的最後一天,遇到了一台車上滿滿的年輕人,拿著他們手上的工具振臂高聲為我們歡呼,好像我們是正要出征為蘇丹打仗的英雄一樣。

我想想埃及,再想想蘇丹,一個地方最美麗的風景,真的還是人。
這也讓我不禁想起很多人對穆斯林國家的刻板印象,因為西方白人世界對他們普

友善熱情的蘇丹人。

遍的偏見，新聞總是大肆播放恐怖攻擊，再加上好萊塢電影刻意渲染，搞得好像每個穆斯林都是賓拉登，殊不知那些極端恐怖分子只佔了極其少數。

我想到在英國遇到的派特媽媽，她擔心她的「白人」兒子到穆斯林國家去騎車，不知道會遭遇什麼危險，但她可能不知道，他兒子在伊朗，一定是被熱情又友善的伊朗人奉為上賓。

有天我騎著車，忽然有感而發，脫口而出：「怎麼辦呢？要怎麼讓世界上的人們彼此了解，停止征戰殺伐呢？」尼爾說：「旅行吧！」

可不是嗎？

QR code map

Money Money Money

蘇丹和衣索比亞的邊境實在讓我大開眼界。

幾乎沒有明顯的管制，人群熙來攘往，兩邊人可以自由進出。我們還得自己在路邊找海關和出境辦公室辦手續。蘇丹的海關官員看我們這身行頭，問我們幾個問題，沒有檢查行李就讓我們過了。

衣索比亞海關好像就比較嚴格，我們拍了照，留了十隻手指頭的指紋，行李也被檢查了一番，但沒啥大問題，相當快。搞定後我們把剩下的蘇丹鎊買了幾杯鮮榨果汁喝了。

剛過邊境緊鄰的就是默特馬這個邊境城市，應有盡有，我們找了間有供餐的小店坐下來。衣索比亞最普遍的食物叫作英傑拉（Injera），看起來有點像蛋餅皮，但是更鬆垮，表面像海綿，但重點是，它超級酸！酸到很難接受。如果它不那麼酸，塗上果醬或奶油一定超好吃。

點了一份牛肉英傑拉之後，馬上要了兩瓶啤酒，慶祝我們完成蘇丹！好幾個禮拜

衣索比亞的第一個日出。

沒喝到這味了，冰涼的啤酒滑入喉嚨，讓我的身體整個冷卻放鬆下來，我不禁坐在椅子上打了個盹。

尼爾搖了我一下：「修修，走吧，該出發了。」我睜開眼睛：「好，走吧！」一站起來，突然有點頭暈目眩，可能是坐太久的關係吧。我走到門口牽車，雖然外頭陽光很大，我竟然打了個寒顫，覺得身體異常虛弱，我忍不住蹲了下來。

「你還好嗎？」尼爾問。
「等一下，我忽然覺得有點頭暈。好，走吧。」
「好，我們今天看能不能盡量騎遠一點，這樣後天就有機會到達戈爾戈拉。」
「好，沒問題。」

我開始感到越來越虛弱、想睡。甚至在休息的時候開始拉起肚子！可能是啤酒讓我身體放鬆，又讓我毛細孔擴張，身體一下子呈現棄守狀態，某些病菌就這樣趁虛而入了。這時我緊張極了，上禮拜大家才討論到瘧疾，我該不會這麼快就中獎了吧？

可是我都有按時吃藥啊！但瘧疾聽說也有很罕見、藥物防不了的。我越想越緊張，整天都在注意自己有沒有其他症狀，像是肌肉痠痛、忽冷忽熱等等。幸好都沒有，就是虛弱而已。

一過了邊境，除了景色完全不同，從一望無際的沙漠一下變成充滿綠意的丘陵，人也一下子多了起來。聽說衣索比亞就是一個大村莊，還真的是名不虛傳，過了一村後緊接著就是下一個村，中間還一堆人在逛大街。就算沒有村子，還是可以看到零星的草屋散落各地。似乎他們只要覺得這個地方不錯，管它有沒有水電，蓋個草屋就可以成家。

這對我們尋找紮營地點時造成極大的困擾──真的到處都是人啊！我們好不容易深入叢林，走到一個看似沒有人的地方，但仔細一看，離我們不遠處就有間茅草房，旁邊也有些動物的腳印，還有狗在狂吠。但沒辦法，天快黑了，我們就盡量保持低調，不要開燈，先將就一晚吧。

我把腳踏車停好後，第一件事情就是躲在草叢裡拉肚子。

隔天的路程不是好玩的，我們騎了一個多月平坦的沙漠後，現在將要第一次面臨山路的挑戰，而衣索比亞的山區，聽說相當硬。如果我以百分之百健康的身體來挑戰，肯定是鬥志昂揚！但我現在真的是心有餘力不足。早上起床還是覺得沒力氣，還沒吃早餐就先把昨天的食物全拉出來。

這裡的坡是那種最討厭的直上直下型，一下子來個8、9%的坡，等我們爬了一小時，筋疲力盡後，來一個10%的下坡，幾分鐘就把之前的努力花掉，接下來又是另一次的折磨，這就樣無限迴圈持續下去。

另一個挑戰就是聲名在外的衣索比亞屁孩。耳聞這裡的屁孩看到你時，不但會一窩蜂擁上要錢，還會追著你跑，如果要錢未果，還會向你丟石頭！

衣索比亞的小孩一看到外國人就會聚集過來。

我今天身體更虛了，腳使不上力就算了，竟然還頻頻打呵欠。就當我騎到快睡著時，有台雙載的機車為了超我們的車，竟然以幾乎六十公里的時速撞上一隻正在過馬路的山羊！看到後座的人像超人一樣整個飛出去後趴在地上，我整個人都醒了，那隻羊我看應該凶多吉少吧。

那兩個老兄從地上爬起來，跟我們比個讚表示沒事。我們繼續前進，心裡想，沒停下來查看他們傷勢，應該不算肇事逃逸吧？正當我騎到又快昏過去的時候，傳說中的屁孩們出現了。這裡的屁孩看到外國人，會先對你喊：「You You You...」一邊喊還會一邊向你揮手。

如果你光聽他們對你這樣喊，或許會覺得他們很沒禮貌，但如果你望向他們的眼睛，會發覺他們只是覺得很興奮，想和你打招呼而已。於是我就這樣一路上和他們You來You去，挺好玩的，雖然屁孩真的多到源源不絕，但好像沒傳說中這麼恐怖嘛，至少還沒人對我丟石頭。

害羞可愛的小女生。

我們在一間小雜貨店停下來休息，買了瓶可樂後坐在路邊喝了起來。忽然老闆娘湊了過來，還帶著一股厚重的汗臭味。（這裡沒有自來水，她可能久久才能洗一次澡吧。）她問我是哪個國家的，我說台灣，她「哦」了一下，拿出她的諾基亞手機，裡面有個地圖軟體，隨著游標的移動，螢幕會顯示各個國家的首都，她要我在手機上找給她看。

但就是找不到台北，不知道是不是因為這支手機是中國製的。

我忽然覺得，如果我生在這個地方，那我最多也只是個有著小聰明的雜貨店老闆，整天巴著國外遊客問他們是哪裡來的，幻想有一天也能去這些地方看看，但或許終其一生都不可得。而我現在竟然在環遊世界！說起來，我也只不過是在投胎時中了樂透罷了，沒啥了不起。

我的身體狀況一直沒有好轉，只能拖著病軀緩速前進。屁孩依舊「You」個不停，然後一如預期地開始「Money Money Money」或「Birr Birr Birr（衣索比亞貨幣）」，我已經虛弱得沒力氣理他們，光這裡連綿不絕的陡坡就已經把我折騰得半死了，我只能埋頭苦騎，還得隨時應付肛門傳來的鬆動感。

到了中午，我已經累到連站都站不好了，在路邊樹下吃了點乾糧，也不顧旁邊有幾百人圍觀，就小睡了片刻。依照我們今天的目標，必須得在天黑前騎到六十公里外的轉彎處找地方紮營。在距離五公里時，天已經快黑，而我也騎到快崩潰了，最後只要是爬坡，我二話不說下馬牽車，但就連牽車，也累得我氣喘吁吁。

這時尼爾把我甩在後面，已經騎到不知道哪裡去了，有次休息的時候，我跟他說：「嘿，尼爾，我實在不行了，我們就近找地方休息吧？」他看了看四周，搖搖頭說：「似乎沒有適合紮營的地方，還是繼續走一段吧。」

就這樣折騰到天幾乎全黑了，才到了今天的目的地，但我們也沒時間找好的地點露營了，就在路旁的一棵樹下把車停好，我就像斷了線的木偶般靠著樹幹坐下

來，一動都不能動。

尼爾被折騰了一天，看起來心情也不太好，默默地把鍋具拿出來煮晚餐。其實我有點生氣，他剛剛自顧自地一直往前騎，不管我這個病人的死活，也不想想那時我在埃及是怎麼照顧他的。

被風一吹，我忽然覺得好冷，於是我起身去拿我的帳篷。我一邊掙扎一邊試著把帳篷攤開，尼爾看了，對我說：

「修修，你先休息吧，等一下我幫你搭。」
「……」我不理他，心裡OS：等到你幫我搭好了我都冷死了。

結果我把營柱立起來，發現帳篷裝反了。我又好氣又好笑，只得把營柱拆下來重裝。

「嘿，老兄，你沒聽到嗎，別弄了，我等等幫你裝。」
「……」我還是無語，默默地把帳篷搭好，趕緊躲進去把身體縮在一起。

也不是我不想理他，我真的沒力氣說話。過了一會兒，他把晚餐煮好了。

「修修，你的飯好了，出來吃吧。」尼爾喊我。
「……」我還是不說話。
「嘿，你到底要不要吃。」尼爾聽起來有點生氣。
「我不想吃。」我硬是擠出幾個字。

結果尼爾忽然暴怒：「我從剛剛就一直想要幫你，你鳥都不鳥我，你不吃就早一點跟我說，這樣我就不會他媽的浪費這些食物！」
我也生氣了：「嘿，我現在真的沒胃口，也沒力氣跟你吵。我現在只想休息，我會把食物吃掉。」喘了一下，我又補了一句：「這一路上是誰常常剩下食物沒吃

完？我他媽最恨的就是浪費食物，你好意思跟我討論浪費食物？」

我把那鍋飯拿進帳篷，躺了半小時之後，才勉強把它吃掉。我們一夜無語，聽到不遠處傳來一聲槍響，然後另外一邊也開了一槍，難不成是在互相示威？我們這裡離馬路很近，會不會有危險？但我真的沒力氣害怕了，吃完東西之後，我體力不支，昏了過去。

隔天我睡醒時，尼爾已經在燒開水了，氣氛有點尷尬。

「嘿尼爾，昨天晚上很抱歉。我昨天真的很不舒服。」我先開口跟他說。
「不，我也要跟你說對不起。你現在還好嗎？」
「好一點了⋯⋯等等⋯⋯」

話還沒講完，我又感覺到肛門傳來一股衝動，趕緊拿著衛生紙跑到另一顆樹下，把昨天晚上吃的東西原封不動（但是染成大便色）拉出來。好清爽的感覺啊，感覺整個人輕飄飄的，連步伐也輕飄飄的呢！我就知道今天會更慘。

接下來這段雖然只有七十五公里，但整條路都是砂石路，而且坡度還是很陡。開始這段就讓我吃足了苦頭，整條路幾乎找不到平坦的地方，到處布滿了砂鍋大的石頭！這種路就算四輪驅動車來開都很吃力了，何況是我這種抱病的血肉之軀？

光保持平衡就已經讓我幾乎體力耗盡，有時候還會不小心身陷沙坑陷阱，上坡時就算用力踩也騎不動，後輪只會在沙子中空轉，我只能被迫下來推車。下坡時又不能太快，要不然撞上石頭摔車事小，把輪框撞歪了就完蛋了，所以我只能一直含著煞車緩慢前進，不一會兒，我又遙遙落後尼爾。

我眼看著他又翻越了一座山丘（腦中響起李宗盛的歌），消失在遠方，我只能輕飄飄地用最低速檔慢慢龜爬。忽然看到遠方一群屁孩向我跑來，我心想又來了，來就來吧，老子不鳥你們就好。可是這群和一般的似乎不大一樣。

四面八方都有向我們奔跑而來的屁孩。

連吃個中餐都要被盯著。

他們大概十幾個吧，每個大概都不出十歲，帶頭的是個女孩，她一手拿著寶特瓶，一手拿著木棍，意圖要擋我下來，嘴裡喊著錢錢錢。

哇靠！這已經是搶劫了耶小妹妹！我當然不管他們繼續前進，但是身體實在虛弱，騎不快，她很輕鬆地又跑到我前面，把木棍橫在我前面攔我，我照樣不理她，過了一會，這些屁孩越來越囂張，有的試圖扯我車上的東西，有的還向我丟石頭。我怒了，停下來對他們吼：「誰敢再丟石頭試試看！」

他們好像有點嚇到，每個都退到十公尺外，過了三秒鐘……竟然每個人都撿起石頭向我發射！哇，那景象好像電影裡投石車齊發，而我就是那個他們要攻擊的巨人。幸好他們力道和準頭都不夠，沒一顆能打到我，但已經讓我又生氣又哭笑不得。

好不容易脫離險境後，尼爾已經在前方休息很久了。看樣子今天的中餐得自己煮，於是我們找了一棵大樹，在樹蔭下坐下來準備煮中餐。遠方正在放羊的屁孩看到我們，開心地呼朋引伴然後向我們跑來，就站在我們旁邊，一邊盯著我們一邊議論紛紛。

我是還好啦，你要看就看唄，但尼爾很討厭被盯著瞧。這些屁孩就這樣站在那裡，整整快一個小時，有時候羊群脫隊時，他們會跑過去把羊趕回來，然後繼續盯著我們。就算我們是外星人，看到我們沒有三頭六臂，也不會噴火放閃光，看這麼久也應該膩了吧？不，他們從頭到尾都這麼興致盎然。

草草吃完中餐，也沒休息多久就上路了，下午的路依舊很爛，只是路上的石頭小了些，我的體力也慢慢恢復了一點，倒是尼爾似乎水喝得不夠多中暑了，我們找了間咖啡店坐了下來補充水分和體力，這時候換他趴在桌上昏迷過去了。

休息了好一陣子，我們繼續前進。之後的路面從石頭路變成了施工中到處都是沙子的爛路，隨便一台車經過，帶起的風沙都可以讓我的黑色衣褲染成一片黃。要

錢的屁孩還是到處都是，持續不斷騷擾我們，向我們丟石頭，我的腰還中了一塊，幸好他們力氣小，不是很痛。

到達塔納湖畔的戈爾戈拉時，太陽已經下山了，這段七十五公里的路，我肉體和精神上受到的折磨，應該可以列入最痛苦的前五名。當我們經過層層守衛進入這天投宿的Tim and Kim Village，然後在平坦的草地上準備紮營時，我竟然有種想哭的感覺。

我忽然有感而發：「不知道我們到達開普敦那天，會是什麼感覺？」
尼爾說：「應該是個綜合很多情緒的複雜感覺吧？」

QR code map

像是世外桃源的 Tim and Kim Village。

主人的爸媽退休後就從荷蘭搬來這裡養老。

多山的衣索比亞，雖然讓我們吃盡苦頭，但是風景真的沒話說。

藍尼羅河大峽谷挑戰中，這裡是穿越衣索比亞的必經之地。

在懸崖上露營。

壯麗的峽谷配啤酒再適合不過。

天堂到陰屍路

這趟旅程到目前為止有兩個地方，給了我繼續往前走的動力，第一個是在立陶宛，我被鄧吉和朵拉撿回家，過了悠閒的一週。再來就是卡爾和汪達的家。

卡爾是南非駐衣索比亞的外交官，汪達是他老婆。卡爾是尼爾另一位朋友牽線認識的，他也喜歡騎腳踏車，所以聽說我們要來，很熱情地邀請我們去他家住幾天。經過埃及、蘇丹、和衣索比亞的摧殘，我們都超級期待能夠好好休息一下。

卡爾很貼心地開著Toyota Prado到城市外圍載我們，那時我正在攻最後一個坡，遠遠的就看到一個瘦瘦高高，戴著眼鏡的外國人（雖然我也是）向我招手，旁邊還有一個鍥而不捨要錢的屁孩。

尼爾隨後也跟上，我們一陣寒暄後，把行李卸下，前輪拆掉，竟然就剛好能全部上車。坐在車裡觀察這個城市，到處都在大興土木，感覺起來正要蓬勃發展，但是基礎建設還不夠好，路很差，交通很亂，而且地勢起伏依舊相當大，幸好我們不用騎這段。

在車裡我不禁幻想：哇，外交官的官邸耶，一定是那種超級豪華的大房子，結果到了才知道⋯⋯還真的是這樣！獨棟的大別墅，二十四小時的警衛，超大的庭院，可愛的狗狗等。汪達很熱情地招呼我們進門，介紹環境，我睡在客房，床超大超舒服。

我感覺真的就像回家了。在非洲第一次睡在這麼舒服的彈簧床上，我們晚上都睡得像嬰兒一樣。

隔天早上卡爾先去大使館處理些事情，汪達準備了很豐盛的早餐，吃完之後，她開車載我們到大使館，和一些外交官員打招呼，介紹我們的旅程，然後在一個開普敦的照片前面合影，這將會是我們此次旅程的終點。

下午卡爾開車載我們到城市另一端的肯亞大使館，辦東非三國簽證，外交車牌就是威，警衛啥都沒問，就開大門讓我們長驅直入。一問承辦人員，他竟然不太清楚有東非三國簽證這種東西，我只好在這邊交了五十美元辦肯亞簽證，尼爾得知南非護照不用簽證就可進入肯亞，相當開心。

之後卡爾又開車載我們跑來跑去，先是領錢，之後準備要去大採購。尼爾本來列了一堆東西要買：
「先去買腳踏車打氣筒好了。」
「打氣筒拿我那支隨身型的吧，我下週去杜拜玩再買新的。」卡爾說。
「真的嗎？真是太感謝了！那，哪裡有賣頭燈呢？晚上煮飯的時候沒頭燈真不方便。」
「頭燈我那裡剛好有多一個出來，先拿去用吧。」
「天啊，太棒了，感謝！那XXX去哪裡買呢？」
「XXX嗎？我有，拿我的就好。」

卡爾就像是有求必應的神燈巨人一樣，一下就滿足了我們幾乎所有的願望。因為我們聽了耐吉的建議，選擇通過一個肯亞端沒有設入境檢查的邊境，他還寫信和

打電話幫我們問狀況，也幫我們向之後會經過的國家的南非大使館同仁打招呼，請他們幫忙照應。

最後我們一起去希爾頓飯店的池畔酒吧，請他喝杯啤酒，感謝他為我們奔走了一整天。

接下來幾天，我的首要任務就是把身體調養到最佳狀況。

已經整整兩個禮拜了，我肚子還是拉個不停，有時候試著一整天夾緊肛門，但好像也只是把屎留在腸子裡久一點而已，沒啥意義，要是忍不住在路邊爆發，那我就毀了。而且大便依舊帶血，更糟的是我好像爆肛了，每次一噴完我的肛門就要痛好一陣子。

除此之外，我的大腿也出了狀況，不是抽筋，而是曬傷。上禮拜想說這樣拉下去也不是辦法，聽了尼爾的建議，每天吃瘧疾藥Doxycycline當作抗生素，看能不能把我肚子裡不知道是啥的鬼寄生蟲給殺了。這東西在台灣一顆只要三塊，就知道有多爛。它最大的副作用是會讓皮膚對陽光特別脆弱，於是我吃了三天後，肚子照拉，結果大腿露出來的部分，變得像是二級燒傷那樣恐怖，不但烏漆抹黑，還到處都是水泡。汪達看到我的腿一陣驚呼，連忙拿蘆薈乳液給我，亡羊補牢也好啦。

尼爾不知怎的，這天食欲特別好，下午先吃了個牛肉派，之後又溜出去吃了兩個甜甜圈，晚上還吃了一整個十二吋的披薩，一路上從沒看過他吃這麼多東西。

尼爾也聯絡上了之前一直騎在我們前面的兩個南非腳踏車騎士，他們從倫敦出發，目的地也是開普敦。隔天是禮拜六，尼爾邀請他們一起來卡爾家烤肉，南非人稱之為braai。據尼爾說，南非人週末最普遍的娛樂，就是在後院一邊升火一邊喝啤酒，等木柴燒到一定程度了，就把肉放上去烤。他幾天前就一直很期待這個烤肉趴，結果他病倒了。

在卡爾和汪達家後院烤肉。

我早上起床，聽卡爾說尼爾半夜上吐下瀉，現在則是虛弱地躺在床上。我們早上開車出去採買晚上的飲料和一些日用品，回來後尼爾總算下得了床了，但吃了點東西又躺了回去。下午兩位騎士帶著剛飛過來會合的女朋友到了，尼爾下樓寒暄一陣後，又體力不支回房躺平，一塊肉也沒吃到。

隔天汪達拿出一瓶從南非帶來的高級抗生素，一瓶剛好二十顆，要我們一天早晚各吃一次連吃五天，務必把肚子裡的髒東西趕盡殺絕。結果吃了一顆之後，隔天尼爾就又活跳跳了，我的屎也開始變成固體，實在是太神奇了！

之後幾天我們就賴在這裡，吃飽睡，睡飽吃，吃和睡的中間就是上網、看橄欖球和板球、打電動，像蝗蟲一樣先把本來滿滿的兩盒香蕉巧克力瑪芬和手工餅乾清光，又消耗了不少啤酒和從南非用外交免稅進口的珍貴食物，待了整整快一個禮拜，連厚臉皮如我們都感到不好意思了，才準備再出發。

隔天早上，我們告別汪達，她給了我們大大的擁抱，要我們一定得安全地抵達目

的地。我們把腳踏車和行李全部搬上車，卡爾帶我們去肯亞大使館拿我的簽證，然後載我們出城，跳過了一大段施工中的道路，才在路邊放我們下來，留下合照後目送我們離開。

休息了這麼久，肌肉沒那麼快被喚醒，身體覺得懶懶的，一直打呵欠，但還是得強迫自己不停踩踏，緩速前進。雖然這麼久沒遭到騷擾，但看到遠遠的一堆屁孩，一邊尖叫一邊從田野狂奔到馬路上，我還是忍不住倒吸一口氣。

我們先騎到六十公里外的一個小鎮，找了個小旅店過夜，一個房間不到兩百台幣，算很不錯，而且服務員服務態度相當好，主動去幫我買了50 Birr的電話儲值卡，他在我們的晚餐帳單上寫了「I love my customer.」，還畫了個笑臉，我們當然很樂意給他一筆豐富的小費。

隔天繼續前進，預計在五十公里外的大鎮子布塔吉拉吃午餐，我們到了一間叫作

和卡爾道別，繼續向前。

Rediet Hotel的旅館，看到一堆聯合國的車停在外面，應該不錯，於是決定在這裡用餐。我們點了兩份Special Burger，端上來的時候才知道它的特別之處──超級大啊！我們看了都傻眼，我勉強全部塞下去，尼爾還剩一大堆。

看地圖上有個小鎮叫作瓦拉貝，從地圖上看起來有滿多街道，規模不小，應該找得到旅館，離這裡大概四十公里，就把這裡當作今天的目的地吧！但我們到了的時候才下午四點多，時間還早，我們討論要不要繼續前進。

「下一個比較大的鎮子是荷賽那，但離這裡還有六十公里，我們今天應該到不了。」尼爾說。

「也不一定要到那裡才有地方住啦，剛剛經過幾個地圖上看起來很小的鎮子，也有看到不錯的旅館。」我說。

「對啊，要是真的找不到大旅館，隨便問個人，應該都找得到地方住吧，雖然可能很爛。」

「所以我們繼續騎個兩小時囉？」

「OK！」

誰知道這決定讓我們經歷本次旅途最驚悚的一晚。

接下來的路也不太好騎，雖然下一個村子只有十五公里左右，但上上下下的坡持續不斷，到了一看，這鳥地方是肯定不會有旅館的，只能硬著頭皮繼續走。下一個村子大概也是十五公里，我們一定得在那裡落腳了。

低著頭踩呀踩，今天總里程數早就破百，總爬升也有一千兩百公尺了，體力已經幾乎消耗殆盡，但前面依舊是一波未平一波又起的陡坡，還有源源不絕的魔音屁孩，不斷銷磨我們所剩無幾的體力和意志力。

隨著天色越來越暗，路上的鄉民似乎也越來越激進，有的像是在向我們叫囂，有的甚至作勢要撲上來，其中一個屁孩等我接近時，忽然拿起手上的圓鍬，迎面揮

向我！幸好我遠遠的就看到他不懷好意的臉，和他保持了一點距離，但也嚇了一大跳。

就連白天看起來比較文靜的女鄉民，現在也變了樣，看到我們後，先是交頭接耳，然後指著我們歇斯底里地狂笑。我在一間小店買些麵包時，其中有一個像是發了神經似的，口中胡言亂語，一下捏我手，一下拍我臉，旁邊的人看了也只是訕笑，我駭然：這些人是怎麼了？

到了下個村子，一問之下，得知最近的旅館就是在荷賽那，我們心都涼了，今天是絕對不可能到得了的，看來只能找地方野營了。買了兩瓶水，我們繼續前進尋找適合的紮營地點。但問題是到處都是人啊！好不容易找到一個不錯的樹下，遠遠的就聽到有人喊「You! You! You!」，再好不容易，又找到了一片灌木叢後面有塊平坦的地方，才剛停好車，結果又看到路邊有幾個人，朝我們這裡直直地瞪著我們，瞪得我們心裡發涼。

「怎麼辦？」
「我們好像沒有選擇，只能繼續前進吧……」

這時天已經全黑了，路上當然沒有路燈，整條路都是黑的，從路過的車燈才知道我們又身陷另一個村子了。「You! You! You!」「Faranji! Faranji! Faranji!*」「Money! Money! Money!」的喊叫聲此起彼落，也不知道是從哪裡傳來的、距離多近，我感覺就像是處於《陰屍路》的場景中，隨時都可能被生吞活剝。

大家想像一下，在伸手不見五指的鄉間小路，你只能靠著微弱的燈光前進，但你知道他們到處都是。忽然，你察覺到前方就有幾個鄉民在路上遊蕩，所以你放低音量慢慢通過，沒想到他們還是發現了，嘴裡一邊叫喊著一邊向你跑過來，你還

---

*Faranji：「白種人」的意思，也泛指外國人。對當地人來說，亞洲黃種人膚色還是較白，所以也算Faranji。

得擔心那些手上有石頭、圓鍬、鞭子、甚至彎刀的⋯⋯

我埋頭猛騎，但因為是個長上坡，速度一直快不起來，大腿已經抽筋了，我心裡想著，不能停啊，不能停啊，再累都不能停啊⋯⋯忽然看到尼爾攔了一台貨車下來，似乎在和駕駛講話。駕駛換了個方向，想要繞開尼爾，但尼爾奮不顧身又撲了上去。

「拜託載我們兩個到荷賽那去，對，兩個，還有腳踏車，我們付100 Birr，或200 Birr都行，拜託了⋯⋯」

駕駛看了我們幾眼，停下車來，把後車廂打開，裡面的空間剛好放得下我們的車和行李！我們也等不及把包包先卸下了，把整台腳踏車硬扛上車，這時候也有越來越多鄉民開始聚集過來，我大驚失色，打開車門把自己塞進去，結果背上的吉他竟然卡在門外，就是這種時候我會超想把吉他丟掉的啊！好不容易把自己塞進後座，尼爾跟著進來，關上車門，向司機大喊「Go! Go! Go!」，他油門一踩，我們絕塵而去。

QR code map

船到
橋頭自然直

我和尼爾坐在飯店的餐廳裡，兩個人各開了一瓶啤酒，驚魂未定。我看著菜單，牛排的價格還算便宜，因為現在是衣索比亞的齋戒月，一般餐廳都不提供肉食，我問了服務生，確定有供應牛排。我跟尼爾說：

「兄弟，你想吃牛排嗎？我請你。」
「牛排當然好啊，不過你為什麼要請我？」
「要謝謝你剛剛攔下那台車，不然我真的不敢想像我們的後果會是怎樣。」我喝了一口啤酒，說道。
「哈哈，不用客氣啦，你有沒有看到他本來不想理我的，我那時心想，死也要把他攔下來。」
「有啊，我覺得上天還是有在保佑我們的，你看來來往往的車，就只有那台可以載得下我們兩個加上腳踏車。」
「可不是嗎，我們真的很幸運。」

一個多小時前，我們上了這位好心先生的車，從上車的地方到荷賽那大概還有二十公里的坡要爬，路面爛就算了，還到處都是人！他們魚貫而行，就這樣在伸

手不見五指的路上閒晃，也不怕被車撞到，實在有夠像喪屍。好心先生載我們到這間飯店，還堅持不收我們錢，我們感激得不停道謝。

晚上我第一次做了惡夢，夢到我四周一直不斷有鄉民和屁孩向我靠近，我想逃，但是怎麼騎都騎不快，好像在太空漫步一樣，他們越來越多，越來越多，終於把我生吞活剝……

早上起床，我看尼爾的臉色也青筍筍的，看起來也沒睡好。雖然身心俱疲，但我們都一致決定，要休息還是等我們到達阿爾巴門奇再說。那裡緊鄰阿拜亞湖和內基薩國家公園，是衣索比亞南部的旅遊大城。距離這裡還有兩百公里，得騎兩天才到得了。

今天到下一個鎮子索多有九十公里，問題不大，只是昨天的驚嚇還持續到今天，我的身上大概只剩三魂三魄，一路上看到人群就倒吸一口氣，這裡的鄉民比北邊的更激進了，有的甚至大白天就喝得爛醉，會作勢撲向我，或向我做鬼臉發出怪聲，還有人甚至發瘋似的跑到路中間，試圖把我擋下來。

有個屁孩最驚悚，他年紀不大，拿著砍農作物的開山刀，就這樣一直跟在我們後面跑，也不知道他是真的要追殺我們，還是只是剛好拿了刀。因為坡度太大，我騎不快，只能用力地踩著踏板，從後視鏡看他一直緊追不捨，嚇得我毛骨悚然，直到下一個下坡才甩掉他。

當然還有從不間斷的就是「Faranji, faranji, faranji!!!」和「Money, money, money!!!」，有時參雜著「China, China, China!!!」（他們以為China的意思是外國人），頻率密集到我開始感覺黑暗原力即將籠罩我，有那種想停下來痛扁那些屁孩的衝動。

尼爾則是已經爆發了好幾次，有次他甚至氣得停下車來，把車一丟，朝著那些屁孩追過去，張牙舞爪亂聲怪叫，屁孩們看了嚇得鳥獸散。

這樣下去不行，於是我開始默念「阿彌陀佛」，然後想著淨空法師的教誨，一流的大師練禪定，都是跑到最吵雜的地方——我想這世界上沒有任何地方比這裡更有挑戰性了。

不知道是心理作用還是怎樣，好像還真的有用，我開始專心思考人生，想著想著忽然想說會不會就此悟道了，自己都覺得好笑，最好有這麼簡單，不過脾氣和耐性變好是一定的。

到了索多後，我們花了點時間找到一間新開的旅館，叫作Nega International Hotel，雙床房加早餐竟然要價一千塊台幣，不給殺價，而且當時還停電停水，說實在的有點貴。但我們實在很累，而且明天還得騎一百多公里，得好好休息，就管不了這麼多了。

隔天早上六點半就起床了，因為我們預期會是個漫長的一天，雖然不用翻過什麼大山，但因為是禮拜六，屁孩們不用上課，都在路上遊蕩，我們受到的騷擾一定更甚於平日，如果遇到喝醉的那就更糟糕了。

一開始就滑行了一個多小時，從大概海拔兩千公尺下滑到一千二左右，四十公里騎完，完全不費吹灰之力！之後的爬坡也很輕鬆，再加上沿途村莊不多，讓我們緊繃的心情放鬆許多。

於是我又開始和路邊狂喊「Faranji」的屁孩互動了，他們和我揮手說哈囉，我幾乎是有求必應，當我不再低頭無視他們，又開始注視他們的眼睛時，發現他們其實大都和一開始遇到的小孩一樣純真，甚至在一個很友善的村子，我還和一堆屁孩擊掌，前幾天我根本就是埋頭猛騎呼嘯而過。

他們沒有變，那是什麼改變了我？就因為我才遭受了幾個禮拜精神和肉體的考驗，就改變了我一開始對他們的看法嗎？那我未免也太嫩了吧？
就這樣輕鬆騎了兩個多小時，找到了一個在衣索比亞目前為止最棒的休息點，

平坦，濃密的樹蔭，最重要的是──沒人盯著我們瞧！於是我把鍋子爐子全拿出來，煮了杯香濃的咖啡，吃了些昨天買的麵包，就這樣愜意地解決了中餐。

下午就有點辛苦了，不但氣溫持續升高，飆到超過四十度，有很多路也正在鋪設，坑坑疤疤的，但對我們來說都已經是小菜一碟。我們大概在下午四點半就抵達阿爾巴門奇，還遇到一個騎名牌腳踏車的當地人，帶我們到今天的投宿地點Paradise Lodge。

露營本來一人要價十五美金，雖然尚可接受，但我們想在這裡多待幾天，可能會有點超過負擔，於是尼爾想出了一個殺價方法。前一陣子他收到《Africa Geographic》雜誌的邀請，把照片和文字發表在他們的網站上，這使他多了一個可以拿來說嘴的身分。

「你好，我們現在正從台灣騎腳踏車到南非，為一個提供非洲乾淨水資源的機構募款，想請問你們願不願意提供我們免費的住宿，或幫我們打個折呢？」尼爾向櫃檯的接待人員說。
「哦，騎腳踏車的，你等一下，我打電話給經理。」

過了一會，一位穿著白襯衫的經理走過來，尼爾把剛剛的台詞又重複了一次。

尼爾繼續說道：「我現在還是《Africa Geographic》的作者，在幫他們寫文章，我會把在這裡的住宿經驗寫進去。我們預計在這裡待兩三天，當然，一切的餐飲我們都會在這裡花用，我們只需要草地來紮營就好。」
那位經理沉吟了一下，說：「我可以給你們一晚十美金的優惠，你們可以使用游泳池裡的淋浴間，但是游泳要另外加錢。」
「沒問題，一言為定！」尼爾和經理握手成交。

哈！真的成功了，尼爾很興奮，打算以後都如法炮製。這裡真的名副其實，是個天堂。它就位於能夠俯視內基薩國家公園的懸崖邊，一眼望去，濃密的叢林，高

聳的火山，廣大的湖泊，說實在的，如果我看到一群雷龍的頭從這片叢林中昂起，我也不會太驚訝。

我們坐在景色絕佳的餐廳，連喝了三罐啤酒，吃了頓豐盛的大餐，好好地慶祝一下，慰勞自己一番。

隔天我們和一群佛羅里達大學的考古團隊去遊湖，一人只花了200 Birr，就看到了超大隻的野生鱷魚和河馬，還有一堆鵜鶘和其他野生鳥類。我很驚訝地看到，不遠處有幾個當地鄉民，划著單薄的獨木舟在捕魚，離鱷魚才一兩百公尺。這些人是沒看過《史前巨鱷》這部電影嗎？（廢話！）

下午回到營地，我先走回營區放東西，遠遠的就看到我的帳篷在左右搖晃，難道是小偷？快步跑過去，竟然看到一隻疣豬在衝撞我的帳篷！對，牠就是《獅子王》裡面那隻彭彭！牠不只自己來了，還帶了一家人總共五六隻，在我們的草坪上吃草。

在這個世外桃源多休息兩天後，我們接著要完成衣索比亞的最後一段路程，前往奧莫拉特，從那邊入境肯亞。奧莫河流域是衣索比亞傳統部落的聚集地，也是熱門的旅遊景點，那個把盤子塞進嘴巴的部落就在這一帶。

而這裡也因為遊客的大量湧入變得很商業化，不但進入某些村子要錢，還得花錢請當地人帶才能參觀市集，甚至在路邊想拍部落的鄉民也得按照片張數給錢。所以我們對這些事情一點興趣都沒，只想趕快離開這個國家。

但我們眼前還有兩個未知數，第一是我們的簽證過期了。當初在蘇丹沒有直接申請三個月的簽證真的是大失策，我們都沒料到衣索比亞是如此的廣大又充滿挑戰。有人說頂多被罰錢了事，也有人說會被要求回首都去處理，甚至還有人說會被關起來，總之眾說紛紜，我們準備以身試法看看會發生啥事。

彭彭們來營地玩耍吃草。

第二，那個邊境根本不算是邊境，可以說是衣索比亞、肯亞和南蘇丹的三不管地帶（或者說三都管，每個國家都會對自己的領土斤斤計較），沒有道路，肯亞方面更沒有地方可以給我們入境章。網路上有人從這裡入境肯亞，被要求到首都奈洛比補章，但這和我們的新路線是完全反方向，騎腳踏車最不想遇到的事情就是繞路或是走回頭路了。

算了，船到橋頭自然直，我相信腳踏車騎到路的盡頭，也一定能繼續走出新的路，不管怎樣，前進再說吧。

QR code map

俯視原始的內基薩國家公園。

貼上
價碼之後

從Paradise Lodge離開，難度更甚於從卡爾家出發。雖然理智上知道自己得繼續上路，但肉體就是抗拒暴露在毒辣的陽光、永無止境的爬坡和魔音穿腦的屁孩之中。只能安慰自己，我們已經走完百分之八十的路程，只剩最後的兩成，就能離開這個國家了。

今天的目標是往南大概八十公里的康索，德國勇腳伯納已經入境肯亞了，他寫信給我，推薦一個位於康索的「私人」營地，說是他在非洲待過最棒的，能比Paradise Lodge還棒？我們當然得去瞧瞧，於是我寫信給營地主人伯凱，說我們今天會到。

這段其實還挺輕鬆的，一開始就狂下滑個五百公尺，之後繼續上上下下，只是因為今天吃了Mefloquine，不管怎麼喝水都還是口乾舌燥，攜帶的水消耗得相當快。抵達目的地前有個大坡，在這之前尼爾的水已經喝光了，當我們到達康索時，他已經渴得受不了。

路邊有個髮型很酷的年輕人和我們打招呼，英文很流利，原來他就是營地主人伯

凱。我們在路邊的餐廳坐下來，連喝兩瓶可樂，之後到附近的飯店吃飯，然後他帶我們去他的營地。

到了一看，我們都傻眼了。說是營地，也只不過是他家的後院而已，我們還得在一個大雞籠旁紮營，和前幾天的Paradise Lodge比起來簡直天差地別，我們大失所望。只是價格還算便宜，一人80 Birr，他又很熱心地騎車載我去換錢、買東西，還提供很多西南路線的建議給我們，是個不錯的年輕人，有志於發展故鄉的觀光。

他那邊沒自來水，只從水桶裡裝了六公升的水給我們，不夠洗澡，我們打算用在明天的早餐和路上飲用。晚上他帶我們到村子裡的小店喝啤酒吃晚餐，我們請他喝了三瓶啤酒以示謝意。這裡的小朋友爭相讓我們拍照，之後又迫不及待想看看他們的照片，看了之後互相指指點點、哈哈大笑，可愛極了，遠離觀光區的小孩

小朋友迫不及待想看自己的照片。

269

正常多了。

我不禁好奇，到底這些要錢屁孩的現象是怎麼形成的。其實老一輩的衣索比亞鄉民相當有禮貌，大概四十歲以上的長輩，如果我先點頭問好，他們甚至會脫帽鞠躬還禮。但是三十歲以下的就不是這樣了，我們還看到有媽媽教她小孩向我們喊「Money Money」，那小孩小到應該連Money是什麼意思都不懂。還有些手上捧著書，看起來像是學生的，也衝著我們「Money Money」鬧著玩。

我們猜想這會不會是因為1983到85年的饑荒造成的，這三年衣索比亞遭遇有史以來最大的乾旱，將近八百萬人受到影響，一百萬人因此喪生。同時間世界各地的善款湧入，但因為政府的腐敗和內戰頻仍，上千萬美金沒有進到它們應該到的地方，有的甚至被叛軍拿去買武器。

會不會就是因為這段時間的影響，讓衣索比亞人覺得外國人就是有錢，伸手跟你要錢是再正常不過的事情呢？尤其中國政府這幾年對非洲的投資力道相當大，到處造橋鋪路，興建基礎建設，所以有些屁孩看到外國人，不管皮膚是什麼顏色，都會「China China」亂喊。我有時候心血來潮，會跟他們說：「Not China. I'm from Taiwan, Taiwan!」他們也似懂非懂地喊起「Taiwan」。

這也讓我覺得慈善真的是一件很難的事情，拿著善心人士捐的錢，做得好似乎是應該，做不好一定會被罵得狗血淋頭。而且我們常常以為做某些「善事」是為了當地人好，卻沒有站在對方的立場和歷史脈絡去思考。很多歐洲人在非洲做的「善舉」，不但沒有幫到當地人，還改變了當地長久以來的生活型態，甚至永久改變了自然生態的平衡。

想著想著不禁睡著了。晚上睡得挺好，我把耳塞塞上，隔壁的公雞早上五點就開始狂叫，但是吵不到我。

伯凱建議我們從康索往西到達偉托之後，在那邊待一天，隔天前往凱亞佛參觀傳

統市場，晚上在阿度巴找個當地人家露營，不用給錢，只要給一個神奇的小禮物就行。什麼小禮物呢？是一種柳橙果汁粉，一包只要5 Birr，可以把兩公升的水變成柳橙汁，伯凱昨天載我去買了一大堆。

聽說部落裡的鄉民不管男女老幼都很愛，如果給他們錢或許只能拍一張照片，給他們一包這個神奇果汁粉，愛拍幾張都行。

於是我們繼續前進，爬了一段小坡之後，迎接我們的是長達四五十公里的長下坡，直接下降了一千公尺之多。這段不只輕鬆而且人少，我們享受了一段難得清靜的旅程。但越下降氣溫越高，再加上坡度太陡，煞車用得太兇，我和尼爾先後都燒框爆胎了。

中午到了偉托，在當地旅館吃了中餐，本想吃完之後繼續前進，但天氣實在太熱，於是決定在這邊露營過一晚，一人50 Birr加淋浴，價格還不錯。只是真的太熱，一直到了凌晨氣溫才降下來，我也才漸漸入睡。

昨天又被熱到了，今天起了個大早，準備挑戰在衣索比亞的最後一段山路，只知道從偉托到凱亞佛有大概十五公里的爬坡，至於爬多高，就不太清楚了。

大概七點左右就出發，天氣還很涼爽，坡度也很平緩，因為終於快要完成衣索比亞了，我們心情都相當不錯，就這樣輕鬆翻過了一個小山丘，騎了二十五公里，想說今天應該就這樣輕鬆吧。

但衣索比亞給我們的挑戰哪那麼容易！接下來的坡應該是此次旅程最硬，有的坡長達一公里，而坡度竟超過10%甚至到13%！很多時候我只能用「之字」騎法迂迴前進。正當你翻過了一個山丘，覺得應該可以休息時，稍微下滑幾秒，又是一個10%左右的坡在眼前等你。

我一邊踩一邊唱著：「越過山丘，才發現更多山丘，喋喋不休，快要抽筋的哀

271

愁……」就這樣埋頭苦騎，不斷把自己從崩潰的邊緣拉回來繼續前進，終於在十點半左右到達凱亞佛。看了里程表，我們在不到十五公里的距離裡竟然爬升了超過一千公尺！

尼爾大概晚我十分鐘到，他看起來也累壞了，我們在路旁的餐廳吃了中餐，連喝三罐汽水，慶祝我們完成衣索比亞最後的挑戰。至於傳統市場，聽說竟然還得花200 Birr找嚮導帶我們進去，我們都興趣缺缺，就在餐廳納涼休息。

我們從凱亞佛往南騎一小段後，找了一個門外有稻草人的農家，想問問主人願不願意讓我們借住一晚。一位婦人看到我們，連忙開門迎接，什麼也沒問就讓我們進門，相當友善，我們比手畫腳問她今天能不能在這裡搭帳篷，她連連點頭，但堅持要我們待在屋裡。

她先是用某種瓜殼盛了一些「液體」給我們，作勢要我們喝，我看了一下，我的媽呀，跟泥巴差不多，假裝用嘴唇碰了一下，和她說聲謝謝，我們一人拿了三包神奇柳橙果汁粉給她，她很開心地收下，隨即泡了一包來喝，之後就自己忙自己的去了。

我們也沒事幹，把傢伙拿出來煮晚餐，還多煮了一點準備分給她吃。這裡看起來不像一家子住的地方，倒像是個儲存用的農舍。這時有個瘦瘦的阿伯來了，看樣子是來換班的，這位阿姨看他來了，就和我們告別回家。

這個阿伯也很好客，一面用一點點簡單的英文和比手畫腳，試圖和我們溝通，一面把我們多煮的飯全部吃光光。之後他招呼我們到屋裡睡下，屋裡超熱，我們雖然比較想睡帳篷，但又不好意思拒絕，就在屋裡把睡墊鋪上睡了，他自己跑到屋子的另一邊堆放木柴的地方睡。

依稀聽到他半夜不斷起來，不知道在幹嘛，早上才知道他被成群紅火蟻攻擊，上百隻咬人超痛的紅火蟻就這樣爬滿他的衣服，我們看了都嚇一跳。臨走前我們也

取得在當地人家睡一晚的成就。

給他幾包柳橙汁粉，他收下了，但還是做手勢跟我們要錢，我們給他20 Birr，雖然整個FU都沒了，但看在他昨晚受的煎熬分上，也就比較釋懷了。

也不是因為金額的多寡，只是放上價格標籤後，很多事情都會變質甚至腐化。一晚留宿本來可以是友善和熱情的表現，但放了20 Birr上去，就變成便宜的爛旅館了。

QR code map

衣索比亞的最終考驗

我們到了奧莫拉特，這次至少有兩關要過，一個是得拿到衣索比亞的出境章，另一個是搭獨木舟過奧莫河。

找到了出境管理處，裡面沒人，等了一陣子才看到一個大叔姍姍來遲。和他寒暄一陣後，我們準備上演今天的大戲。

「喔？你們的VISA上禮拜就到期了。」沒意外，大叔發現了。

「咦？怎麼會？我們在喀土木是申請一個月的簽證，從邊境到這裡剛好是一個月啊！」尼爾假裝很驚訝。

「不是啊，你看簽證上的過期日是上週。」

「喔！所以簽證期限是從簽發的那天開始算，而不是過邊境那天開始算啊！我搞錯了！」尼爾往他天靈蓋一拍，很會演。

「對啊，那怎麼辦？」我超不會說謊，只能在旁邊幫腔。

「這……恐怕你們得回到首都阿迪斯阿貝巴去處理了……」

「長官！我們是騎腳踏車來的，不可能再騎回去啊！」

「是啊，這問題大了……」大叔看起來很為難。

「對啊，長官，如果你能幫我們解決這個問題，那就真的幫了我們一個大忙
了。」

「是啊，請幫幫我們吧。」我繼續敲邊鼓。

「嗯……我是可以幫你們啦，但你們也得幫幫我……」

哈！來了，就在等這個！之前上網查簽證過期該怎麼辦時，有人說千萬不要賄賂
衣索比亞的官員，要不然後果會很嚴重，但看起來這條路還是行得通嘛！

大叔本來要跟我們收取800 Birr的「手續費」，但我把錢包給他看，說我們真的沒
那麼多錢，還問他要不要台幣，結果他把我錢包裡的400 Birr全都拿走。幸好我還
偷藏了20 Birr，可以用來買午餐和喝飲料。在一間餐廳吃東西時，一個英文講得
很好的當地人和我們攀談，他叫作史蒂芬。我們問他坐船到對面要多少錢，結果
竟然要300 Birr！我的Birr沒剩那麼多了啊！只好翻了一下皮包，湊了十美金和十
歐元，請史蒂芬幫我們去找人換了400 Birr。

坐船的過程相當「非洲」，從岸上到河面相當陡，一堆屁孩（還真的光屁股）爭
先恐後幫我們提包抬車，到了對岸後為了感謝他們，尼爾把果汁粉拿出來，還沒
說話就被搶奪一空，我們留下合照後繼續前進。之後幾乎沒路了，當然也完全沒
有車子經過，就是一片荒野。我們只能沿著依稀的車軌，在沙地中緩慢推車前
進。

之後慢慢有些村子出現，看到這些村子，讓我有種時空錯置的感覺。用木頭圍起
來的牆，裡面到處是草和泥巴蓋成的茅屋，牆外的農地上種了些作物，最吃驚的
是，這裡到處都是光著身體的屁孩和婦女，一點文明的跡象都沒有，完全就是一
副在電影裡面才看得到的、上萬年前原始人生活的景象。

我們在沙地中掙扎了兩個小時，氣溫高達四十五度，實在熱到不行，逆風加上沙
塵暴讓我們的體力消耗得超快，也不管附近有沒有鄉民了，我們先把車推到一個
村子旁的大樹下納涼休息。

幫我們提包過河的屁孩們。

女人和小孩都光著身子的原始部落。

毫無意外的，一下子就聚集了一大堆人圍觀，有的站得遠遠地議論紛紛，頑皮一點的就靠近來東摸西碰。我們看到一位年紀和穿著像是部落長老的長輩走近，主動向他握手問好。

我靈機一動，把剩下的幾包神奇柳橙汁粉拿出來送給長老，比了個照相的手勢，問他能不能拍照，他點頭同意。於是我們興奮地馬上把相機和攝影機拿出來一陣亂拍，深深覺得選擇走這個鬼地方真是太值得啦。

繼續走了一小段，我們找到一個完美的營地──剛好在河邊，取水容易，而且剛好略低於五公尺外的道路，又有棵大樹遮擋。我們可以看得到鄉民走來走去，他們卻看不到我們。

最棒的是，搭起帳篷後，竟然下起了我們在非洲遇到的第一場大雨！我們興奮極了，把上衣脫掉，讓大雨洗掉身上的沙塵，彷彿自己是《刺激一九九五》裡面的主角安迪，爬過幾百公尺的下水道後，振臂高呼，慶祝重生。

隔天一早起來，風好像沒昨晚那麼大了，我們悠哉地煮了早餐，收拾東西上路。因為昨天下過雨的關係，本來像是沙灘般的路面，因為吸收了水分結實了許多，不像原來一樣寸步難行。我們開心極了，一邊騎一邊討論我們昨天有多幸運，如果沒有找到這個可以完美遮蔽我們的大樹，如果在我們到達之前就開始下雨，如果……總之我們再次覺得，自己真的是被這個宇宙所祝福著。

沒想到這一刻彷彿身在天堂，下一刻，衣索比亞的最後考驗即將讓我們身陷地獄。

好騎的路面大概只維持了五公里，可能是地表的水分都乾了，也可能是昨晚的雨沒下到這個區域，路面又回到了鬆軟的沙漠。我看了車錶，此時離衣索比亞的最後一個檢查哨還有將近十五公里，之後還得通過一個十二公里的無人區沙漠，才會到肯亞的第一個檢查哨，我們預期今天就到那邊，再作打算。

無人的死亡沙漠。

沙漠無邊無際。

我們變速到最低檔，試圖在鬆軟的沙地上踩踏緩慢前進，其實大部分時候根本就動彈不得，只能不斷下來推車，但就連推車也得花吃奶力氣，必須得用左手控制龍頭，右手先稍微提起座墊再往前用力推，車子才動得了。就這樣掙扎了一個多小時，我們才前進差不多一公里！

這時我們才驚覺麻煩大了，現有的水絕對沒辦法讓我們支撐到肯亞，必須趕緊想辦法才行。距離我們最近，可能會有水的地方，應該就是衣索比亞最後一個檢查哨了，到那裡應該就安全了吧？

這時不只是永無止境的沙漠，更刮起了沙塵暴，而且還是天殺的逆風，隨便一吹，就可以讓我搖搖晃晃，輪胎打滑深陷沙裡，我吃的早餐已經消化完了，肚子餓得受不了，走一小段路就得停下來喘一陣。忽然想到背上的吉他袋裡還有一條巧克力，它早就融化變成巧克力膏了，我馬上拆開包裝嗑掉，血糖過低幾乎昏倒

的狀態才緩了一些。這時候尼爾已經走遠到看不見了。

就這樣掙扎前進,因為完全沒有路可以跟著走,我得隨時把手機拿出來確認我的方向和位置,有時候甚至看到我跑到南蘇丹去了。不知道過了多久,終於看到像是檢查哨的建築物,遠遠看到尼爾坐在陰影下休息,愁苦的臉不言而喻——這裡沒人也沒水。

不會吧!?!?照我們的速度,搞不好要明天才到得了,沒有水的話,我們不但無法煮晚餐,就連拿來喝的也遠遠不夠啊!

靜下心來想解法。我們附近不就有奧莫河嗎?繼續前進一段路後,尼爾看到東邊依稀有些建築物和人在走動,河也是在那個方向,於是我們把車推離道路往東邊走。

看起來近在眼前的建築物,現在走起來是這麼的遙不可及,正當我們漸漸接近村落時,越來越多穿著原始服裝(也是幾乎衣不蔽體)的鄉民開始聚集過來。其中有一個示意我們不要再靠近。我們跟他比手畫腳,說我們只是要去河邊裝點水,之後馬上會離開,這人竟然跟我們揮手說不行,叫我們走。我們繼續和他交涉,拜託,拿到水我們馬上就走!沒水喝我們會死啊!後來他才勉強點頭。

我們把車停在一棟建築物的陰影底下,我顧著東西,尼爾去取水。這個河水實在臭到不行,看起來黃澄澄的,我想所有的人和牛羊的屎尿應該都在這裡了吧?但我們沒得選擇,我用Lifesaver瓶過濾完這袋髒水之後,先趕緊喝上幾口,這個Lifesaver還真的救了我們一命。因為圍觀的人越來越多,我們逃也似地繼續前進。

這時我們有兩個選擇,一是再推車回去,沿著依稀的軌跡前進,二是不管三七二十一往南繼續走。我們都不想再推回去,而且河邊的土地因為吸水長草,比較有辦法上車騎,於是決定從這裡繼續往南。

路上依舊不斷有鄉民和屁孩尾隨騷擾，我心裡不斷咒罵，靠杯啊幹，衣索比亞到底有完沒完啊！有些人身上竟然還背著步槍或AK47，我看到了連忙和他們握手問好，幸好他們都還算友善。

又過了一個多小時吧？其實時間和距離的感覺對我來說都已經很模糊了，這裡又回復到細軟的沙地，我的車輪深陷其中，如果要前進，就必須用右手用力將車子稍微抬起，再使勁往前推。我大概走個三十公尺就得停下來休息，毫不誇張，每次停下來都想休息久一點，但我知道這時候不逼著自己前進，下場就是體力耗盡，等著被路過鄉民撿回家，之後會發生什麼事情誰也不知道。

好不容易看到左前方有一些建築物，我精神一振，有救了！但看著在遠方的尼爾，卻朝著右前方的一棵大樹前進，我想他應該是想在那裡休息煮點東西吃吧？也好，我們剛剛裝的水應該還足夠煮個泡麵。

他到了樹下後，似乎有幾個背著槍，看起來像軍人的走近和他說話，尼爾好像在解釋什麼，過了十五分鐘，我也好不容易推著車到了，看到有個軍人正在檢查尼爾的包包。

其中一個英文很流利，看起來像是長官的人問道：「你們到底是為什麼從這個方向過來？」
「我們因為水喝完了，到河邊去取水後，沒有回到原路，就直接往南走過來啊。」尼爾回。
「你們沒看到這裡一堆人都背著槍嗎？這裡是戰區耶！一個肯亞的部落和另一個衣索比亞的部落結仇已久，沒事就會互相殺來殺去啊！」
「我們不知道啊！自從進衣索比亞以來，路上到處都是背著槍的鄉民，我們以為這裡背槍很正常啊！」尼爾一臉無辜。
「你們真應該回到路上的，這裡真的很危險。」
「說到路，路到底在哪裡啊？」我好奇問道。
另一個阿兵哥往旁邊一指：「唔，就在那裡。」

我走過去一看，「靠，還真的有路耶。」我心裡OS。

原來這裡已經是肯亞了，這些軍人就是邊防軍。後來聽尼爾說，一開始他們超兇的，後來經過一番解釋後態度才軟化下來，但還是一直碎念我們不知死活，隨便一個鄉民心情不好拿我們當活靶打，也沒人能拿他們怎麼辦。

左前方那個建築物就是肯亞檢查哨了，這位長官要我們休息一下趕快過去報到，此地不宜久留。不管怎樣，我們總算是得救了，也正式完成衣索比亞的挑戰，但我想我這輩子應該不會再回來了吧。

QR code map

快閃肯亞

肯亞檢查哨人還挺多的，但是都無精打采散落各地——天氣實在太熱啦。我和其中一個看起來像長官的人打招呼，他年紀有點大，長相和穿著都像我印象中的甘地。他向我們要了護照拿去檢查，發現我們的衣索比亞出境章是一個禮拜前的，我們照實說明，他也沒再多問。得知我們可以在通往烏干達的邊境馬拉巴拿到肯亞入境章，不用特地到首都奈洛比去，我們都鬆了一口氣。

要了些水，把僅剩的三包難吃到不行的泡麵煮來吃掉後，我們和其中一個警察閒聊，他們人人都會講英文，而且講得都挺好。

「你們在這邊一次都待多久啊？」
「一次三個月，然後回奈洛比的基地一個月。」他叫作金威，個子不高，他把頭髮全剃掉了，看起來人很精明。
「天啊，那不是無聊死，從這裡到最近的鎮子洛德瓦還有三百公里耶。」我驚訝道。
「是啊，我們大概每週過去買些物資，單程就要六小時，來回就一天了。」
「什麼？三百公里要開六小時？」我和尼爾同聲驚呼。

「這段路爛得很,你們運氣好,雨季大概下禮拜才開始,到時候只有這種四驅的 Land Cruiser可以走得了。」他指了一旁漆成墨綠色的軍車。

「而且這一段的鄉民對外來人不太友善,從洛德瓦到南邊基塔萊這段路更是盜賊橫行,我建議你們這段坐巴士吧,之後再騎到馬拉巴就安全得多。」

這更加深了我們搭車跳過這段的決心。尼爾發現他的輪框出現一道很大的裂痕,應該撐不了這麼長距離的爛路,他已經請朋友把新的輪組寄到烏干達首都坎帕拉了。加上我們時間也有限,寧願把時間花在好玩的點,也不要在這種爛路上掙扎,還得冒著被盜賊搶劫的風險。在衣索比亞受的罪也夠了,我們決定留條小命,對自己好一點。

「那這附近會有車經過嗎?有沒有機會搭到便車?」

「這裡除了我們以外不會有車,可能要騎個八十公里到下個村子之後才有機會。」

我看了看那台很威猛的軍車,問道:「那如果我們付錢,你願意帶我們到洛德瓦嗎?」

「這要問我們的駕駛了。」他指指旁邊一個高壯的阿兵哥,叫作庫托。

「口以嗎?庫托?」我們使出慣用的裝可憐招數。

「可以是可以啦,不過……」庫托頓了一下,和金威討論了一會,說:「大概一人要七十五美金左右。」

「天啊,太貴了,我們沒有這麼多錢哪。」

「那你們覺得可以接受的價格是多少?」

以下省略一百句日常討價還價對話。

後來以一人五十美金成交,考量到油價,庫托可以賺到的錢也只有二十美金,算合理啦,而且他人看起來挺好的,就不繼續殺價了。庫托和長官報備一下後,我們把車子行李搬上車準備出發,這時候金威也跳上車來。本來我和尼爾都擠在前座,看到金威也上來了,我們就禮讓他坐前座,自己跑到後車廂和行李一起。

車才開動十秒我就後悔了。

我在台灣時常會抱怨路爛，但和這裡比起來，台灣的路簡直光滑得像嬰兒的屁股一樣。這路也爛得太匪夷所思了吧！？不但大部分都是鬆散的沙地，而且到處都是像被隕石砸出來的坑洞！庫托一點都沒有顧慮後面乘客的死活，全速前進。每次一個彈跳，坐在最後面的我屁股就會整個騰空二十公分再摔下來，震得我骨頭都快散了。尼爾的位置雖然比較靠中間一點，震動幅度沒那麼大，但肯定也不好受。

就這樣撐了一個小時，我實在受不了，尼爾看我臉色蒼白、慘叫連連，敲敲窗示意庫托停下來，讓我到前面去和金威擠。前座果然舒服多了，過了一會金威也下來和尼爾交換，中途還載了兩個搭便車的路人。

庫托一邊開車，一邊跟我介紹這裡的環境，特別提到中國政府會在這裡鋪一條新路，因為這一帶有油田。就這樣折騰了四個小時，終於到了柏油路，沒想到對這台四驅車來說反而更糟，路上的洞又大又密集，像是被轟炸過的樣子，如果不熟路況的人不減速輾過去，下場一定就是翻車。

庫托果然是一個禮拜走一趟的人，常常不知怎麼的就減速下來，然後就會看到一個直徑一公尺以上，而且深不可測的大洞。這段路庫托都是把一邊輪子跑在路旁的泥土，只有另一側是跑在柏油路上，要不然就寸步難行。庫托可能對路況真的很熟，所以還是開得很快，有次車子掉進洞裡再彈上來，幾乎快要翻車，只見他一臉輕鬆地說：「哦，這個洞是新的。」都不知道我嚇得快閃尿了。

尼爾和我都一致同意，這條路是我們此生看過最爛的。雖然這趟車幫我們省了三天的時間，但我真的寧願自己慢慢騎。

到了洛德瓦後已經天黑了，庫托說好人做到底，一定要看我們順利找到地方住才肯走，於是他先帶我們去領錢，結果試了幾家銀行，所有的ATM都領不到錢。金

威撥了個電話，找到一個黑市的朋友，順利幫我們換到了些錢。

庫托又帶我們去找了間還算便宜的旅館，在旁邊的烤肉店幫我們點了食物後，才和我們道別。我們留他一起吃，但他說天色晚了，得趕快回去。我想到他等一下要摸黑開六個小時的車，沿著原路回去，就覺得不好意思。

等了快半小時，食物還沒上來，不知道剛剛庫托幫我們點了什麼。結果竟然是半公斤的烤羊膝！而且加上飯和蔬菜，一人大概一百塊台幣而已，幾個禮拜沒吃到肉的我們，看了都快哭出來了。更棒的是，旁邊的屁孩看到我們不會向我們要錢，更不會成群結隊盯著我們看，只害羞地向我們說聲「How are you?」就跑走了。我在心中吶喊著我愛肯亞！

隔天得知從洛德瓦到基塔萊的車晚上六點才發車，而且總共得開八小時！本來還想在這裡多待一天，但想想還得多耗一整個早上，不知道要幹嘛，就改了車票當天出發。到了上車點，我們把行李卸下，工作人員接過去塞進巴士的行李廂，然後把腳踏車綁在車頂。我們坐在階梯上和司機以及工作人員聊天，還被招待了一杯薑汁熱奶茶。

肯亞人真的很熱情又好客，而且大部份都會講英文，氣氛和衣索比亞截然不同。聊著聊著，司機提醒我們晚上可能會冷，要我們準備好外套，我半信半疑，明明現在接近四十度啊，但還是從包包裡拿出夾克，有備無患。

這段三百公里的路得開上八小時，路況比起昨天來的那條路，爛得不遑多讓，而且車子在路上還拋錨，修了快一小時，結果開了十個半小時，早上五點多才到。此時果然冷了，大概十度左右吧，發現這裡的海拔竟然高達一千八百公尺，難怪會冷。一方面心裡暗爽少爬了這段坡，呵呵。

這時天還是黑的，幸好昨天已經聯絡今天要待的營地主人，告知我們會在凌晨到達。照著地圖的指示，騎了五公里到達營區門口，打給經理凱文請他幫我們開

開車前大媽上車兜售零食飲料。

開到一半巴士拋錨。

門，他帶我們到看起來很舒適的客廳先歇著。我稍作梳洗，就在沙發上補了一下眠。

大概八點多醒來，很貼心的凱文已經把早餐準備好了，他把餐桌擺在翠綠的草地上，看起來心曠神怡。吃完早餐，上網處理了一下事情，我們問了方向，準備騎車到鎮上的超級市場補貨。經過了前幾天在衣索比亞邊境的摧殘，我們已經把身上所有的食物都吃光了，希望能在這個小鎮買到一些基本食材。

一進去超市的大門，我們兩個都傻眼了。在這個小鎮裡的超級市場Nakumatt，讓我像走進了天堂。

天啊！培根啊！！！天啊！起司啊！！！天啊！這裡竟然有天殺的Muesli啊！！！

我不知道該怎麼形容當時有多興奮。大家試想一下：過去兩個多月，我們只能在路邊的小雜貨店買到米啊、番茄啊、洋蔥之類的東西，運氣好能買到青椒和紅蘿蔔，晚上怎麼煮都是洋蔥番茄燉飯或麵，早上想煮個燕麥片都買不到。想說蘇丹首都喀土木總該有像樣的超市吧？有是有，但一小罐一百多塊台幣的桂格燕麥片我們實在買不下去。

就這樣撐到衣索比亞，情況更誇張，連牛奶都買不到了，只能買貴參參的奶粉，每次看到牛群在路上走都覺得奇怪，啊你們的奶是哪去了？有種衝動乾脆自己牽一隻牛每天擠奶算了。加上又遇到齋戒月，只有在大城市的大餐廳才能吃到肉，我們就這樣一路吃燉豆子或是純洋蔥番茄醬佐義大利麵一路到這裡。

然後竟然讓我看到這裡有放了葡萄乾和堅果的Muesli啊啊啊幹！不管三七二十一怒拿了兩包，那邊聽到尼爾的怒吼，他喜得美祿和他最愛的小熊軟糖。就這樣，我們兩個驚呼聲此起彼落，那感覺應該就像玄奘大師經歷千辛萬苦，終於到達那爛陀寺，看到數以萬計的佛教經典那樣興奮。（玄奘大師失敬，我們層次比較

低。）

我們就這樣在這裡耗了一下午，驚覺如果再買下去，行李可能會破八十公斤，才依依不捨回營地。

隔天繼續出發前往烏干達，這是我們在肯亞騎車的第一天，沒想到也是最後一天（我的五十美金簽證費啊！），地勢很平，但是很多路段在修路，而且下滑居多，本來今天預計只能到邊境附近紮營，沒想到下午四點就到了。

肯亞境管看到我們沒有入境章，一臉疑惑，我們向他解釋我們是經由塔納湖進來的，那裡的肯亞警察檢查哨要我們直接過來蓋入境章。然後他看到我的肯亞簽證，更疑惑了，說他們不發正式簽證給台灣護照的。我說，這是一位南非外交官帶我到肯亞大使館辦的，你把我當成VIP好了，哈哈。

盧了一下，他也拿我們沒辦法，還是蓋上出境章讓我們過了（所以我們自始至終沒有入境肯亞的紀錄）。就這樣，我快閃過境了肯亞，獲得一張貼在護照上的正式簽證（應該相當稀有），一堆超市買的食物，和滿肚子的肉，有種苦盡甘來的感覺。

QR code map

肯亞超市大豐收！

假期開始

我們在烏干達第一個到達的鎮子叫作托羅羅， 在飯店露營區睡了個好覺，接下來要騎大概一百四十公里左右到烏干達東邊的旅遊大鎮金賈，它緊鄰維多利亞湖，是大家普遍認為的白尼羅河源頭，這裡最熱門的活動就是尼羅河泛舟，可以玩到好幾個等級五的激流。

我們在下午五點到達金賈，但是到營地還得騎七公里，最後兩公里全是施工中的泥巴路，我的擋泥板和輪胎中間又卡了一堆泥巴，氣得我隔天就把擋泥板拆了。

但辛苦是值得的，我們在一個叫作Nile River Explorers的營地紮營，營地裡的酒吧望出去就是尼羅河的最上游，仔細看還可以看到有人在泛舟，我們照例點瓶啤酒坐著看日落。忽然覺得，這好像是我這次旅行第一次有休假的感覺。我正式宣布：假期開始啦！

第二天我們整天就在營地裡休息，這裡的酒吧設備齊全，食物有點貴但是超好吃，尤其是漢堡。我們發現營地門外面有家Chapati攤，Chapati是一種類似蛋餅皮的東西，是東非很普遍的食物。五千先令（台幣五十多）裡面就有夾肉、高麗

菜、馬鈴薯、洋蔥、蛋等等，份量足又好吃。也有甜的口味，是整根香蕉加上巧克力醬、花生醬或蜂蜜，只要兩千先令。於是我們的三餐加甜點幾乎就都在這裡解決。

看了一下這裡的戶外活動價格，泛舟一人一百三十美金，但是送兩晚露營。我們想了一下，錯過在尼羅河的源頭泛舟的話就太悲哀了，於是決定隔天泛舟去！

一早有輛車把我們從營地載到另一間同老闆的背包客棧，先和其他人會合，挑好救生衣和頭盔後，再坐車往更上游出發。開了快一小時，我們到了出發點，已經有工作人員把汽船一一搬到河邊。我們湊了五人一船，總共有三船一起出發。教練一開始和我們解釋指令，有向前划、向前用力划、向後划、左轉、右轉、停止、遇到激流時趕緊趴下等等，也解釋了如果翻船的話應該怎麼辦，還實地演練一次翻船，挺好玩的。

這段我們會體驗三個等級五的激流（最高等級是六，是職業等級在玩的，秀姑巒溪最高大概只有三）。教練說如果掉下去不要慌張，就放輕鬆讓水流帶著你，自然會有人來把你撈起來。每個激流都有不同的解法，以及翻船時要怎麼反應。

出發不久馬上就遇到第一個等級五激流。這裡有點技巧，一開始必須用力划才有辦法通過，要不然會被卡在礁岩上動彈不得。等級五的激流就像是個小瀑布一樣，快要掉下去的時候真的很恐怖，但船長一聲令下：「Harder! Harder!」，我們只好聽令奮力往前猛划，划向瀑布邊緣，此時船長大喊：「Down! Down!」我們趕緊收槳趴下，抓緊船上的繩子，然後整船就這樣九十度直直往下掉，水花四濺，刺激極了。我們順利通過，但後面兩船先後卡在石頭上很久，我們見狀笑得超開心，尼爾還把我笑得很賤的樣子拍下來。

一路上我們飽覽尼羅河原始的風光，平靜的時候就聊天輕鬆划，甚至跳下去游個一小段，遇到激流就奮力前進，到了中途時，我們必須上岸用走的經過一個等級六的激流，本來還想試著說服教練讓我們試試看，但一看到那聲勢，我的媽啊，

我們這種嫩咖被捲進去應該會屍骨無存吧。

之後其他兩船各自翻船了一兩次，我們這船則保持全員都沒落水過，還救了很多其他船員起來。一聽到接下來是最後一個激流了，我們臉上都難掩失望表情——林北想要翻船啊！教練似乎接收到我們的訊息了，在最後一個激流，當我們又順利通過時，他要我們往回划，故意把船身打橫衝進激流，然後就是一瞬間的事情，我的頭已經在水裡了。

我把頭浮出水，發現才經過幾秒鐘而已，我們幾個人已經分別被沖到不同的遠方，等到我們各自游到船附近時，我看到大家的臉上都掛著滿足的表情。到了終點後，等著我們的是BBQ和無限暢飲的啤酒！可惜我酒量差，只喝了兩瓶，其他人根本是當水在灌。這樣算起來，這一百多美金花得真是值得。

QR code map

絕美的維多利亞湖景。

追猩夢

這一陣子剛好是烏干達的雨季，大概從凌晨三四點開始會下大雨，一直要下到七八點才會停。每天早上起來，都得花時間清理被泥巴噴滿的帳篷，後來也懶得清了，就直接把帳篷摺起來綁在車上，等有機會再拿出來曬。不是熱得要死就是下豪大雨，非洲的天氣真的很令人崩潰。

有天甚至下起像颱風一樣的暴雨，我的帳篷進了一堆水，往外一看，我的媽啊，大概有幾千隻蚊子在帳篷外覬覦我這塊肥肉。我的外帳沒全拉上，雨一直不斷噴進來，我試著把內帳開個小口，手伸出去拉上，連這一點空隙都可以跑三隻進來，就知道這蚊子有多少了。

在帳篷外吃早餐時，我被迫一邊跳一邊吃，一隻手還得持續揮舞。只要靜下來一秒鐘，成群的蚊子就會往我身上撲過來，這裡還是瘧疾疫區，我得隨時提高警覺。

越往西南走，沿路的樹和植物也越多，我們不知不覺跨越了赤道，進入了熱帶雨林。這天我們騎在一條叢林間的小路，發現一個不錯的露營點，到下一個鎮子還

上一刻還下大雨，這一刻就大太陽。

有兩小時，尼爾建議我們直接在這裡過一晚。

「好啊，但我們的水好像不太夠耶。」
尼爾東張西望：「簡單啊，就裝這路邊的積水吧！」

尼爾買了一款Sawyer出的濾水器，雖然沒有我的Livesaver厲害，但官方保證能過
濾一百萬加侖的水，利用地心引力一點一滴來過濾，睡覺時把髒水裝滿，隔天一
早起床就有四公升的水可以喝了。這款濾水器和我的正是好搭檔，不急的時候就
慢慢過濾，快渴死的時候就用我的水壺。有了這些傢伙，我們在非洲極少買水，
省了不少錢和垃圾。

於是我們裝了一袋泥水，把車牽到遠處一個大灌木叢後紮營。太陽這時候出來
了，赤道上的太陽果然厲害，烈得嚇人。我們趕緊把東西全拿出來曬，然後趁天
全黑前趕緊煮飯。只要天色一暗蚊子就全出現了，而且越來越多，讓我們得一邊
吃飯一邊走來走去兼捶胸頓足，之後被叮到真的受不了，只好早早進帳篷睡了。

297

缺水的時候連泥水都得喝。

繼續往西騎了幾天，這天中午我們到達烏干達最西南邊的旅遊重鎮卡巴萊吃午餐。這裡有個漂亮的本尼奧尼湖，周邊有很多營地和高級度假區。當然這裡最負盛名的活動，就是「追蹤大猩猩」。

大猩猩是保育動物，分為平地大猩猩和山地大猩猩兩種，平地大猩猩主要分布在西非，目前還有十萬頭以上，這裡的是生活在山區的山地大猩猩，目前全世界只剩下五百隻左右，生活在剛果、烏干達、盧安達的山地叢林裡，附近的「難以穿越的布文迪國家公園」（Bwindi Impenetrable National Park）就是其中一個。

不過價格實在太貴，一個人竟然要六百塊美金！因為四月開始是雨季，所以降到降到四百美金，但還是令人難以接受。靠杯啊要我花一萬多塊看猩猩，我寧願去看《灌籃高手》或Discovery就好，所以我們很早就放棄這個烏干達的熱門行程。

正休息著，有個人跑來向我們搭訕，他叫作希拉雷，果然是來兜售大猩猩行程的，一人只要三百美金。

298

「不了謝謝，太貴了。」我們理都不想理他。

「其實不貴啊，你們知道本來多少錢嗎？」希拉雷說。

「知道啊，但我們已經騎腳踏車一年多了，身上的錢只夠讓我們一天花十美金，三百美金等於是我一個月的花費，實在沒辦法，雖然我們真的很想看。」尼爾回道。

「那多少錢你們願意呢？兩百五？」

咦，看來還有殺價空間耶，其實我有點心動了。

尼爾這時候用中文問我：「如果殺到一百五十美金，你想看嗎？」

「當然啊！」開玩笑，原價六百美金的行程耶。

於是尼爾繼續和他交涉：「兄弟，你的價格真的很令人心動，但如果我真的花了兩百五十美金在這裡，接下來我每餐都得吃白飯配醬油了⋯⋯」尼爾頓了一下繼續說：「但來這裡看大猩猩一直是我的夢想，只是我們能出的底限最多最多就是一百四十美金了，你覺得怎樣？」

希拉雷看起來有點為難：「這價格真的有點低耶，這樣吧，一人一百五十美金，加上從卡巴萊到國家公園來回的交通，一人五十美金，如何？」

「交通一人五十美金太貴了啦，兩人五十吧！然後你可以再幫我們一個忙嗎？載我們兩個和兩台腳踏車翻過山到本尼奧尼湖去。」尼爾的殺價技巧越來越純熟了。

「好吧，就這樣囉，一言為定。」於是他們兩個握手成交。

我滿意外的，這人看起來算是很乾脆，但感覺在問他一些細節的時候，他言詞有點閃爍模糊，眼神也飄忽不定。當他要求先付一半訂金的時候，我們還猶豫了一下，但看他和附近的人都熟得很，也確認了他的電話號碼，才比較放心。

希拉雷還很熱心地幫我們聯絡今天要待的營地主人，說我們要過去。之後把我們

的腳踏車用很「非洲」的方法，五花大綁在後車廂後，準備往湖畔前進。這時候我們在蘇丹認識的加拿大女生蘿倫傳訊息過來，他們正在盧安達，過幾天也要過來烏干達看大猩猩，剛好會和我們相遇。

「你們現在在哪？」她說。

「我們正在卡巴萊，你們快點過來啦，今天我們會待在一座島上，得搭獨木舟過去，你們可以過來住一晚，一起喝個啤酒！」

「我們可能趕不及耶，從這裡過去加上通關至少要五六個小時，到時候都天黑了。要不然你們不要到島上去，待在湖畔的Kalebas營地，我們路上遇到的英國朋友也在那邊。」

「好啊，那待會見，記得路上買食物和啤酒！」

於是在最後一刻我們換了營地。到了之後，我又忍不住罵了髒話出來。這湖也太漂亮到犯規了吧！湖上有好多個小島，島上綠油油的梯田層層相疊，雖然天空陰陰的，但雲霧繚繞更添神祕感。營區自己有個小碼頭，可以隨時租艘獨木舟「出

非洲式的運貨絕技。這樣也行！？

令我驚呼連連的本尼奧尼湖。

海」探險去，如果不怕冷，跳下去就是清涼的湖水，任你游到爽。

過了一陣子蘿倫和豆子開車到了！我們開心地擁抱慶祝重逢，分享從蘇丹到現在的旅途故事，他們聽到我們的故事都嚇呆了，蘿倫說他們躲在車裡都忍受不了衣索比亞的屁孩了，何況我們是騎腳踏車，真難以想像，直嚷嚷著說她絕對不幹這種事。

希拉雷本來說早上九點半出發，早上卻又打電話來說改到十點，結果快十一點才到，一早就起床的我有點火大。

我想那個國家公園既然有這麼多遊客前往，應該開發得很完善，不會太難走吧。於是我只穿著短褲T-shirt就上路，這是我第一個失策。司機一路上開得很慢，後方來車一輛輛超越我們，我越來越火，都已經快中午了，你們還在那邊說說笑笑，沒事還停下來買飲料，我們還得在天黑前回營地耶！

往北開了六十公里之後，我們左轉進入山區，然後司機在一間紀念品店停下來，就到旁邊納涼去了。希拉雷不停地看手機回簡訊，一點都沒有要帶我們繼續前進的意思。

「老兄，現在是什麼情形？」我忍不住問。
「再等一下，我們要等上一批的人出來，這時候嚮導已經知道大猩猩的位置，很快就可以帶你們找到牠們了。」

沒辦法，只好繼續等，這時候已經一點多了，中午啥都沒吃的我肚子開始叫起來。我暗想，奇怪，如果他知道會弄到下午，應該會主動帶我們吃點午餐才對啊，到園區裡面應該會有東西吃吧？於是我沒在這裡先吃點東西，這是我的第二個失策。

等了一個多小時，終於又可以繼續前進了，我又餓又氣（和我熟的人都知道我一

餓心情就會不好，跟小孩子一樣），但又不便發作。

經過一道閘門之後，山路忽然變得泥濘不堪，我們坐的只是一般的轎車，輪胎根本不適合走這種地。有時候泥地滑到不行，車子是整個用側滑的前進，有時司機還得猛把方向盤打到底，再反方向急速打到底，這樣反覆操作，車子才能保持正確方向，有幾次甚至都快滑到懸崖邊了，嚇得我手心直冒汗。終於，車輪深陷在一個大泥坑，停了。

「靠杯啊現在是怎樣！？」我在心裡吶喊。

還能怎樣，下來推車啊。於是我負責右邊，硬擠出所剩無幾的力氣往前推。司機一踩油門，車還沒前進，輪胎在泥地裡空轉，我先被噴了滿臉泥巴。

「……」

我已經氣到不想說話了，沒辦法，賊船都上了，拜託趕快讓我看到該看的，然後林北要閃人了。

希拉雷這時說：「你們等一下會看到一個人，之後趕緊下車跟著他走，他會帶你們去找大猩猩，看到以後我會來接你們，到時候再把剩下的錢給我就好，記得不要給那個人喔，啾咪 。>.^」

啊？啥小啊？沒頭沒腦的，等等，我還沒吃午餐啊！這時不知道從哪冒出一個人來，跑過我們的車子，然後指指後面。「啊？在後面啊？」司機把車子掉頭，跟著那個人開了一小段，停下來後，希拉雷叫我們趕快下車。

「記得不要把錢給他喔！」

知道啦！就這裡嗎？這裡啥都沒有啊！眼看那人一溜煙鑽進路旁的叢林裡，我們

只好跟著進去。他站定後，一邊穿上全身雨衣，一邊跟我們說：「等等路上先不要拍照，我們趕時間，快天黑了，等找到大猩猩再拍。」

我心裡OS：「廢話我當然知道快天黑了，還不是都你們害的。而且你穿雨衣幹嘛？現在又沒下雨。」

一回過神來，那人一個箭步已經在十呎外了，我也只好趕緊使出輕功跟上。一開始大概就是台中大坑步道等級的山路，我還有餘力把SONY運動攝影機拿出來拍。到後來越來越誇張，坡度越來越陡，有些地方得手腳並用，攀爬幾乎垂直的山壁。之後根本沒路了，嚮導得用手上的開山刀，披荊斬棘出一個小洞來，我們才有辦法繼續前進，「難以穿越的布文迪國家公園」真是名副其實啊。但奇怪的是，他常常弄出一個缺口後，又會把它弄小一點，好像要試圖布置成原來的樣子，似乎不想讓別人知道我們走過這裡。

過了半小時之後，我餓得眼冒金星，已經慢慢跟不上了，有時候一轉眼，前面兩人一下就消失在叢林裡，只聽得到嚮導不住催促：「來，快點！」然後我就得自己想辦法快跑跟上。這時候竟然下起大雨來，我趕緊把防水夾克穿上，相機藏在外套裡。

這山已經夠難爬了，現在天雨路滑更加危險，我一手撥開荊棘，另一手把被樹枝打落的眼鏡撿起來，手和小腿被荊棘割得流出血，我想，這絕對不可能是一般旅客能走的地方，你他媽的不先把情況說清楚，讓我們能在出發前充分準備，到底是啥居心？這時候我腦袋裡只有一個念頭，等等林北不付另一半錢了！

嚮導忽然停了下來，口中發出奇怪的叫聲。他接著說：「等等如果大猩猩向你們衝過來，記住一件事……」

我們屏住呼吸，仔細聽著他說的每一個指示，畢竟牽涉到生命安全。

「千萬別轉身就跑，待在原地就好。」

藏在綠葉中的大猩猩。

啊，就這樣，然後嘞？他沒多做解釋，繼續東張西望地往前走。他忽然說：「你們看那裡。」我隨著他指的方向，從布滿水滴的眼鏡看過去，依稀看到有一團黑黑的東西。嚮導走過去用刀把樹枝輕輕撥開。

我輕聲驚呼：「靠，真的有耶！」

這隻大猩猩似乎正在躲雨，往我們這裡看了一下就不理我們了。「看那裡！」這次看得更清楚了，一隻更大的猩猩就坐在我們前方三公尺處，我們趕緊把相機拿出來狂拍。然後我聽到頭上的樹一陣窸窣作響，抬頭一看，有兩隻小猩猩在樹上玩耍，玩著玩著還先後捶起胸膛了！那聲音超大超結實的，很難想像牠們有多壯。

「這個家庭成員有八隻，你們看那裡，啊，快退後，退到我身後。」

天啊！一隻超大的猩猩向我們走來，背上有明顯的白色區塊，想必是銀背老大了！我們趕緊退步讓老大通過。當牠接近時，那壓迫感可真不是開玩笑的，我想牠如果一出拳，光掌風應該就能讓我內傷吐血吧。

我們就在這裡待了一個小時，看著這家子猩猩在我們身處的原始叢林吃喝拉撒玩，這時候我已經把不付錢的念頭拋在腦後──實在是太值得啦！

回程的路就比較好走了，我們終於走在正常的步道上，但接近車道時，嚮導要我們先躲起來，他試著打電話給希拉雷。

「幹，我就知道有鬼！我們是非法進來的！」

沒錯，這嚮導和希拉雷都是這裡的員工，他們等上午正常付錢的旅客走完後，再私底下偷帶人進來賺外快。一般遊客付的幾百美金都被政府拿走，但我們付的錢就可以全部進他們口袋。只是下午的行程時間就很緊迫了，我們剛剛才得像急行

超有威壓感的銀背猩猩老大。

軍似地往前衝。

他撥了幾次電話，結果這裡沒手機訊號。

然後我們又得往叢林裡鑽，爬到高一點的地方看能不能收到訊號，看得到有車輛經過時，我們還得趕快躲起來，緊張得要死。要是被抓包，這人丟掉工作事小，不知道還會不會被抓去關。之後總算打通了，希拉雷弄清我們位置後把車開過來，我們趕緊一溜煙把自己塞進車裡，匆匆離去。

QR code map

人與人的差別

盧安達有個很夢幻的稱號，叫作「千丘之國」（Land of Thousand Hills），但對我們騎腳踏車的來說，光聽就腳軟挫屎了。在衣索比亞真的被操怕了，最近又過得太爽，只要一出現8%以上的坡，我的大腿就呈現半罷工狀態，得馬上掛上阿嬤檔（granny gear）才有辦法前進。

我們想說應該沒辦法從邊境一天到首都吉佳利，得在中途野營，結果一騎發現完全不是這麼一回事，主要道路幾乎都是在河谷中盤旋，那一千座山丘全部排在兩側，礙不著我們。地勢雖有起伏，但是坡度不陡，重點是路超好，而且路上全都是腳踏車，久久才有一台汽車經過，簡直就是個完美的腳踏車道。

道路只翻過了一座山丘，從半山腰望下去，綠油油的一片農田和辛勤耕作的鄉民，說有多美就有多美。這段路應該是我在這趟旅程中騎過前三名漂亮的。令人感傷的是，常常可以看到在一個如畫的田園景色旁，豎立了「XXX Genocide Memorial」這樣的標示，很難想像這裡二十年前是橫屍遍野的光景。

靠近首都吉佳利時，人車也越來越多。耳聞這裡因為被德國和比利時殖民過，一

切都井井有條很守秩序,到了才知所言不假,這裡每個路口都有紅綠燈,而且都有交警!騎機車都要戴安全帽,且超市都用紙袋!讓我真的覺得好像回到歐洲,只是這裡的鄉民皮膚是黑色的。

爬了最後一個十五度的大坡後,我們直奔Hotel Des Mille Collines,這就是電影《盧安達飯店》裡那間飯店。我們要了兩杯大啤酒,在游泳池畔乾杯。

隔天當然就是去參觀種族滅絕博物館(Genocide Museum)。

這場死亡人數近百萬的大屠殺,就發生在二十一年前,是胡圖(Hutu)和圖西(Tutsi)這兩個種族之間的矛盾造成的。胡圖族人數較多,佔了近八成,圖西只有兩成不到,他們從外觀上看起來沒啥差別,但可能因為圖西族比較聰明,自古以來就比較會賺錢,所以大部份比較富有,統治階級也幾乎都是由圖西族擔任,但其實一直沒有明確的標準去判斷誰是哪個種族的。

比利時殖民期間,開始試圖對這兩個種族進行分類,他們發現圖西族的鼻子似乎比較長,就開始在他們的身分證上做註記,規定只有圖西族可以受教育或擔任公職,想藉由控制這少數的圖西族來控制全國,於是這兩個種族之間的矛盾越來越深。

1962年盧安達獨立後,新選舉出來的政權當然是人數佔多數的胡圖族,被欺壓久了嘛,於是就開始對圖西族展開種族歧視和迫害,尤其是一些極端份子發展出的一種意識型態「Hutu Power」,他們把圖西族稱作蟑螂,意圖將他們趕盡殺絕。於是一堆圖西族人跑到周邊的國家變成難民,後來組成了武裝集團RPF(Rwandan Patriotic Front),不時對盧安達政府展開攻擊。

這樣的仇恨越積越深,終於在1994年爆發。四月六日,一架載有盧安達和蒲隆地總統的飛機在準備降落吉佳利的時候被擊落,胡圖族極端份子馬上譴責是RPF幹的,於是把準備了幾個月的武器拿出來,開始了對圖西族的種族滅絕行動。

大家可以想像一下，如果你是一個圖西族，本來前一天還跟你喝下午茶的胡圖族鄰居，今天忽然紅了眼拿著開山刀要殺你全家，然後你跑也跑不掉，因為整座城市早已成為殺戮戰場。於是就這樣，極端份子用收音機不斷播放仇恨演說，驅使胡圖族殺掉身邊所有的圖西族人，不論男女老幼。如果有胡圖族人不加入屠殺行列的，也會被視為叛徒殺掉。

大屠殺就這樣進行了一個多月，已經有超過五十萬的圖西族人受害，其中婦女更慘，常常是被輪姦後殺掉。就這樣一直持續了三個多月，RPF才慢慢攻進來，將帶頭的極端份子打敗，這樁慘劇才得以結束。

真的很難想像，我們這幾天在路上看到的路人，幾乎有八成都經歷過那段地獄般的日子。晚上和一位尼爾朋友的朋友尚皮耶碰面聊天。他是個紀錄片導演，自己也是一部紀錄片的主角，影片講的就是那段日子。當時還年輕，被人藏在木桶裡三個多月，出來後發現爸爸被殺了。殺父之仇，不共戴天，於是這十五年來，他一直在找殺父兇手。

在紀錄片裡他最後找到兇手了，他的選擇是復仇，還是原諒？人類受到仇恨的驅動，到底會變成什麼樣的怪物？從這個慘絕人寰的悲劇，我們能學到什麼？或者，人類就是個永遠都無法記取教訓，直到自取滅亡的生物？

除了戰爭以外，這種人類殺來殺去的戲碼似乎一直在發生。

這幾天看了一部好電影，叫作《PK來自星星的傻瓜》，這部電影講的是宗教。電影裡信奉印度教的女主角的父母，聽到她男朋友是個穆斯林，非要他們分手不可，這是什麼原因？

這就得說到1947年血流成河的印巴分治了。那時英國最後一任總督蒙巴頓，擋不住巴基斯坦國父真納的要求，得在八月十五日這天讓信仰穆斯林的巴基斯坦獨立出去。劃定兩國邊界後，住在印度區的穆斯林們，被迫拋棄自己的家園遷往巴基

斯坦，同樣的，住在巴基斯坦區的印度教和錫克教徒，就得遷往印度。

在這大遷移中，爆發了無數的血腥衝突，上百萬人死亡，超過一千萬人變成難民流離失所，而印巴兩國直到現在還是常常對幹。

那其他宗教呢？基督教和回教之間的衝突就不用多說了，不是十字軍就是聖戰，兩邊殺來殺去的仇結到今天似乎都根深柢固了。

不就是信不同的宗教，有必要搞成這樣嗎？我真的不懂耶，電影裡從外星來的主角PK也不懂。他覺得奇怪，為什麼地球人總會因為其他人信的宗教，而有一些先入為主的觀念，不都是人嗎？

我想到我進非洲之前，本來以為信回教的蘇丹很危險，衣索比亞百分之六十信基督教，人應該比較和善，比較安全。結果事實剛好相反！我這些刻板印象到底是哪來的呢？

我們在青年旅舍，和一個波蘭人德里安聊到宗教。

尼爾說：「我這趟旅程中遇過最友善的人就是穆斯林，在伊朗時，很多當地人看起來窮得似乎一無所有，但還是不斷把身上的食物甚至是錢塞給我，但根據某些基督徒的說法，這些異教徒以後是要下地獄的！這一定是哪裡出了大問題。」
德里安也說：「是啊，歷史上好像就只有佛教沒有以宗教的名義，為了排除異教徒發動大規模戰爭了。」
我也趁機推銷佛教：「事實上佛教一開始是教育團體，印度的那爛陀寺就像是個大學，大家專注在自己的修行，目標是有朝一日達到涅槃的境界，能夠脫離輪迴。」
「佛教是不是說，其實每個人都可以成佛呢？」德里安問。
「就佛教的角度來看，其實萬物皆有佛性。」我還沒講，尼爾就先回答了。
「哈哈哈，你怎麼知道，很會嘛。」

「那當然，我在台灣待這麼久了，也學會了很多事情好嗎？」

我們又聊到，到底信不信這世界上有神或上帝的存在。

「我其實不怎麼信。沒親眼看到的東西我都抱持懷疑態度，你們呢？」德里安說。

「我家都是基督徒，但我不算很虔誠的那種……」尼爾停了一下，繼續說：「但經由這趟旅程，我相信我是受到祝福的，一定有什麼力量保護我，讓我能走到這裡。」

「我也相信這世界上有超越人類、我們還無法理解的存在，」我繼續說：「祂們有好有壞，有大有小。如果我們心存善念，就會吸引善靈來幫助我們。不是有一句話這樣說：『當你真心渴望某件事時，全宇宙都會聯合起來幫助你』，講的應該就是這個道理吧。」

他們兩個若有所思地點點頭。

QR code map

看到遠方的美景，尼爾興奮極了。

渡湖

一般遊客到坦尚尼亞的行程，不是去塞倫蓋提國家公園（Seregeti National Park），就是去爬吉力馬札羅山，林北就是要與眾不同！（謎之聲：其實是不順路不想繞遠路吧？）

我們從盧安達進坦尚尼亞後，目標是前往世界最長的湖泊——坦干依喀湖北邊的港口基哥馬，乘坐世界最老的客船MV Liemba！

這艘船的來頭可不小，她出生於1913年，到現在也一百多歲了，她曾是德國在一戰時的戰船，戰敗後被德軍撤退時弄沉，之後又被撈起來改成客貨船，然後一直營運到現在，現在每年都還有很多德國人慕名前來一睹她的丰采呢！這麼酷的船不坐像話嗎？（謎之聲：根本就是偷懶不想騎車嘛）

坦尚尼亞的邊境通關是這次非洲之行最容易的。關口的大姐啥都沒問，就直接把尼爾的護照蓋上入境章。輪到我時，她看看我的護照，我說我來自台灣。

「喔，那你得付錢囉！」

「多少錢呢？」
「五十美金。」

於是我拿一百給她找，她找我錢後不囉唆立刻蓋章，啥都沒問，啥表格都不用填寫。這才是想要發展觀光的國家應該做的嘛！

但從邊境到基哥馬大概有四百公里，而且路相當爛又盜賊橫行，我們再怎麼快都得花七天才能抵達，到時船已經開了，下次出航還得等兩個禮拜，這該如何是好呢……沒辦法，雖然不情願，只好坐車了。（謎之聲：根本就是找藉口不騎車嘛！）

沒想到這竟是我此生坐過最恐怖的一段車。

到基哥馬的巴士太滿了，連人都上不去，更別說我們兩台腳踏車外加一堆行李了。在路邊等了好一陣子，終於攔到一輛小發財車願意載我們，一人只收三萬先令。但它前面只坐得下一個人，於是尼爾考慮到我的老骨頭，自告奮勇坐在後面的露天座。

才上路三分鐘，我發誓除非特殊情況，以後絕不在非洲坐車了。

大家知道月球表面長怎樣吧？也知道月球探測車長怎樣吧？如果把小發財車開上月球表面會怎樣呢？答案當然就是翻車啊！

這段路爛就算了，還一堆砂鍋大，不，是那種被隕石擊中的大坑，而且多到連閃都閃不掉，每次一個彈跳，我都馬上轉頭看看尼爾人還在不在。有幾次遇到那種栽進去一定翻車的洞，都是在最後一刻才緊急煞車，嚇得我幾乎魂飛魄散。

有時候開著開著，怎麼越開越往路邊去，眼看整台車就要衝到草叢裡了！大哥你該不會是睡著了吧！？後來一聊，才知道他載上我們之前已經開了九百公里，現

世界上最老的客船 MV Liemba。

在已經累到不行。嚇得我沒事就幫他抓抓脖子肩膀讓他保持清醒。

更糟的是中途還下起大雨，尼爾拿出防風外套穿著，全身縮成一團。他在後面看不到路，承受的是肉體的折磨，而我在前面也不好受，受到的驚嚇大概也讓我折壽不少。

十個小時過後，只剩半條命的我們終於抵達基哥馬。尼爾一下車就說，他再也不會抱怨飛機座位太小太搖晃了。我們隨便找了一間旅館，吃點東西就睡了。

隔天一早起來，先去補貨、領錢、買SIM卡，然後走到遊客碼頭買船票，收錢的女士看我們一眼，就直接跟我們報頭等艙的價格，還得付美金，問她為什麼，她說：「你們太白了。」這算不算種族歧視啊？上船後，我們先把行李卸下，再把腳踏車搬到上層甲板。

一直到天快黑了才開船，船上頭等艙的外國人計有一位蘇格蘭阿伯、西班牙小伙子大衛、華裔小朋友凱文和德國女孩艾琳。

大衛人很高，留著粗粗的八字眉和大鬍子，總是笑臉迎人，有著西班牙人天生的熱情和樂天。凱文剛從華盛頓大學畢業，他申請上了一個學校的壯遊獎學金，有兩萬塊美金（天啊！）的旅遊基金可以環遊世界。他們已經一起旅行了一段時間，聽到我和尼爾的故事，都躍躍欲試，想要在下個停靠點就買台腳踏車，體驗一下騎行非洲大陸的感覺。

我們組成了Team Liemba，大家一起在甲板上喝酒吹風看星星，好不愜意。

隔天早上聽見一陣吆喝，揉揉睡眼步出船艙看看發生什麼事。原來船停泊在一個小村莊附近，離岸邊還有一段距離。眼看遠處一堆小舢舨急速前來，還大聲嚷嚷，靠近船後，其中一個船員立刻丟繩子上來，然後另一人早已在船上等著，把繩子綁好。根本就和電影裡的海盜一模一樣，只不過他們不是來搶錢，而是來搶客人。

就這樣，船上和村子間乘客和貨物的來往，都由這些看起來破破爛爛的小舢舨來接送，看起來相當刺激。咦，我們下船的地方叫作基皮利，看來也是要搭這種舢舨了，白天倒還好，如果晚上啥都看不到，我們還得摸黑把腳踏車和行李都丟到舢舨上，再晃到岸上，光想就覺得很恐怖。

我們趕緊去問船長什麼時候會到，希望船能在接下來幾個村莊多拖一點時間，明天一早再到達基皮利，讓我們能夠看著日出划向彼岸，多愜意啊。

結果得到的答案是凌晨一點，我們就得滾下船。

我終於體會到成為偷渡客的感覺了。

就在一個月黑風高的夜晚，伸手不見五指，我們乘著一艘破船，船上載著我們的全部家當，唯一指引著方向的只有岸上微弱的燈光。我們使勁划著，還不時得把船裡越來越多的積水往外舀，隨便一陣風吹過來，船就搖晃得幾乎翻過去。

不知道過了多久，我們終於安全靠岸，岸上已經有人等在那裡了，他們把我們的家當一個接著一個傳遞上岸，然後我們每個人大包小包，快步隱入黑暗之中。

幾百年前我們的祖先越過黑水溝到台灣，應該就是這種情景吧，但後面的故事就大異其趣了。祖先們得胼手胝足建立新家園，而等著我們的，則是個五星級度假村Lake Shore Lodge。隔天一早起床，我懷疑自己昨天是不是船沉掛掉了，要不然現在怎麼好像到了天堂。

QR code map

凌晨一點我們和行李紛紛被丟下船，換搭小舢板。

五星級度假村 Lake Shore Lodge，美到讓人忘記自己是在「非洲」，大大突破刻板印象。尼爾這次也以「《Africa Geographic》特約作家」身分拗到免費住宿。（不過是最便宜的小木屋啦。）

黃昏的 Lake Shore Lodge。

Lake Shore Lodge 水上活動應有盡有，這天我們就免費在坦干依喀湖上划獨木舟。

度假村附近有座百年歷史的廢棄教堂。古老的磚砌教堂外牆爬滿了植物，木製的屋頂大部分已經損毀脫落，溫暖的陽光就這樣毫無保留地灑在滿地的花瓣上，一對新人昨天就站在這斑駁的講壇上互許終身。

草叢中的野營，要被上萬隻蚊子圍攻。

負重超過我們兩三倍的鄉民。

免簽踢皮球

坦桑尼亞進馬拉威的境管是個帳篷，尼爾很輕鬆地拿到入境章，但輪到我時，官員看著我的護照，皺皺眉頭，發覺事情並不單純。

「你是中國來的，得付簽證費一百美金。」一位官員說。

「不不不，先生，我是台灣人，台灣人進馬拉威不需要簽證。」

「不對啊，這裡明明寫著Republic of China啊，你看，CHINA。」

「Republic of China是台灣，People's Republic of China才是中國。」我耐心地解釋道。這種情況我遇多了，尼爾在旁邊看了也見怪不怪。

這官員抓了抓頭，一臉疑惑，撥了幾個電話，還是堅持道：「不管，台灣人也是得繳簽證費。」

我有備而來，拿出我的手機給他看：「這是今年二月馬拉威駐日本大使館回我的信，確認台灣人免簽。」

他把手機拿過去，仔細端詳一下，又打了個電話，然後跟我說：「我這裡沒有權限可以決定，你到奇蒂帕的入境管理辦公室吧。」

於是他發給我一張短期入境證明，限兩天內要到指定的辦公室報到。

耗了一個多小時總算入境了，這裡的路更爛，但是風景更原始漂亮，我們騎在這泥石爛路上抖抖抖，抖了二十五公里終於到了奇蒂帕，這是從西北入境馬拉威第一個遇到的鎮子。剛好太陽快下山了，接上柏油路後看到的第一個建築物，就是入境管理辦公室。進去一看，剛剛那位老兄已經在這裡了，說這裡還是無法做決定（裝孝維啊），又多給我兩天的時間到姆祖祖去報到。

「長官，我騎腳踏車耶，這裡到姆祖祖要四百公里啊，能不能行行好，寬限個五天。」
他想了想，說：「給你四天吧。」

一天一百公里，應該還算輕鬆，就怕路況不好。也不知道到了姆祖祖後，會不會又被踢到首都里朗威去。

時間先快轉到四天後，我到了姆祖祖的境管辦公室，承辦小姐看看我的護照，喔！Republic of 「China」，來，繳一百美金。我忍住性子，再和她解釋一遍ROC是台灣，她還是一臉不解。我瞥見牆上有一張免簽國家的名單，赫然看到Taiwan（Taipei），指給她說：「妳看，妳看，Taiwan免簽！」終於在入境五天後得到入境章。

時間再繼續快轉到兩個禮拜後，當我要從里朗威機場出境時，出境管理的老兄又以為我的國籍是China，又要向我收一百美金……我真的快爆發了，靠杯啊是有沒有這麼愛收簽證費啦！是有算業績喔？林北洗呆灣郎啦幹！跟他盧了好一會，他帶我跑來跑去，一個似乎是他老闆的長官看了我護照，只跟他說幾句話，他就幫我蓋上出境章了。我想他老闆應該是跟他說：「幹你豬腦喔？ROC是台灣，台灣人不用簽證啦！」

QR code map

大鬧馬拉威

時間拉回來。

從奇蒂帕的境管辦公室離開後，這老兄雖然不能給我入境章，但他幫了我們個忙，帶我們去一間小旅館，又找了人幫我們把坦桑尼亞先令換成馬拉威幣。這裡雙床房竟然只要一千克瓦查（馬拉威幣別），折合台幣不到七十，實在有夠便宜。晚餐是雞肉飯加上青菜，感覺跟肯亞很像，很好吃。明天就要前往另一個非洲有名的湖泊——馬拉威湖了。

從奇蒂帕到馬拉威湖畔的卡龍加，一路都是相當平坦的柏油路，讓我不禁好奇，根據IMF國際貨幣基金組織的資料，馬拉威的人均GDP只有三百美金不到，是全世界最窮的國家，這條路是哪個國家出錢建的呢？可能就是中國吧，在2007年底中國和馬拉威建交後，承諾一筆高達六十億美金的援助款項，台灣也被迫在隔年與馬拉威斷交。

雖說平坦，但到達湖畔前得先翻過一座山脈。一開始還是上上下下，但風景漂亮極了，車流量極少，可以看得出來這裡開發程度相當低，鄉民也很友善。除了最

後一個坡比較長且陡以外，其他都很輕鬆。一旦到了山頂，接下來就是快樂的下滑了，就這樣一路滑到卡龍加吃午餐。這裡的菜單很簡單，就是Ugali、Rice、Chips和Chicken、Beef、Goat的排列組合。

下午入住湖邊的Mufwa Lodge，得知露營竟然比房間貴，原因是如果有人露營他們就得派人巡邏。於是我們要了個雙床房，大概兩百台幣，還可以。但我晚上睡得不太好，蚊帳有幾個洞，不時會有蚊子趁隙而入，我老是被吵醒，然後就得花十分鐘獵殺這該死的小王八蛋。就這樣一直折騰到凌晨，忽然窗外白光一閃，好像一瞬間天亮一樣，接著巨雷大響，整座水泥建築物都被震得嗡嗡叫，緊接著就是像強烈颱風一樣的傾盆大雨。

我趕緊把腳踏車移到屋簷下，之後乾脆把耳塞戴上圖個清靜，但竟然還是能聽到

懸崖上遠眺像海一樣的馬拉威湖。

雨聲，等到這雷陣雨停了，天也差不多亮了。我懶懶地開始煮咖啡，吃早餐，收拾行李。忽然又聽到一陣雷響，我們面面相覷，看到東北邊一大片烏雲逼近……快逃啊！！！我們用此行最快的速度把行李收好上車，火速往南繼續前進。

今天是令人興奮的一天，我們將要和加拿大情侶蘿倫和豆子、英國小伙伴威爾會合，另外在坦尚尼亞認識的大衛和凱文，還真的去買了台當地的單速腳踏車，也一路騎來這裡。我們相約在利文斯敦尼亞的Mushroom Farm會合！

從卡龍加出發往南，我們和開車的蘿倫等三人約好，先在利文斯敦尼亞山腳下的Hakuna Matata Beach Lodge碰面，如果時間還允許，就搭他們的車上山，大衛和凱文應該都在那裡了。

逃離暴風雨後，雖然有點逆風，但大致是個晴朗適合騎車的好天氣，沿著湖畔地勢起伏不大，我們就輕鬆騎，下午到目的地時，那幾個開車的還沒到，我們一邊喝啤酒一邊等著，過了一個多小時才看到他們。

常旅遊的朋友都知道，絕大部分路上遇到的朋友，這輩子大概都不會見到第二次了，而我們竟然能跟蘿倫和豆子保持聯絡，相約碰了第三次面，這緣分真的很難得。

我們把腳踏車五花大綁到威爾的車上，出發前往利文斯敦尼亞。聽說這段上山的路相當難走，實際走了才知道，靠，這裡的路面根本不可能騎腳踏車啊！坡度極陡就算了，到處都是大大小小的石頭，簡直像是乾涸的河床，不知道大衛和凱文還活著嗎？他們今天從山腳下出發，算算時間應該到了吧。結果開到一半發現他們還在用力推著車，哈哈！我們開心地下車互相擁抱──然後丟下他們開車繼續前進，讓他們完成這段挑戰。

Mushroom Farm是我看過最別出心裁的Lodge了，在陡峭的山坡上，一間一間的小木屋傍山而立，因為水資源稀少，所以廁所是乾式的，拉完屎後得丟幾片樹葉

和一瓢泥土下坑，那土應該有一些能分解有機物的材料，他們過幾個月會清一次糞坑。淋浴間就更酷了，是半開放式的空間，一邊洗澡還能一邊遠眺馬拉威湖。

我們在這裡待了兩天，繼續往南前往姆祖祖。大衛和凱文被這條山路嚇到了，想搭便車下山，於是我們把四台腳踏車花了好一番工夫綁在車頂，一起坐車下山。他們這個決定是對的，前往姆祖祖的路需要翻過一座大山才到得了，但沿途的景色讓我們得連連停下來拍照，實在有夠漂亮。

在姆祖祖我們待在一間叫作Muzoozoozoo的背包客棧，這裡沒什麼好提的，只是凱文一早起床，發現他放在帳篷底下的背包不見了！？這實在太匪夷所思了，如果是外面的人幹的話，他得翻過布滿玻璃碎片的圍牆耶！

但最令我們驚訝的是，我和尼爾幾乎所有的家當都散落在外，結果一件東西都沒丟。我們都嚇出一身冷汗，這也讓失去警覺心已久的我們又開始精實起來。

隔天繼續往東前往湖畔的Mayoka Village，這是另一個馬拉威有名的lodge，聽說許多背包客來了這裡就不想走了。這段路只有大概五十公里，而且海拔是下降的，應該沒有太多爬坡，蘿倫提議，不如這段讓他們嘗試腳踏車旅行的感覺吧，於是我們和他們交換交通工具，豆子騎我的腳踏車，女巨人蘿倫騎尼爾的。

一早我們在馬鞍袋裡隨便放了一些衣服，讓他們感受一下負重騎車的感覺，但又不至於太超過。他們吃完早餐就迫不及待出發了。我們開車的就好整以暇，還跑去超市採買了一下才上路。在路上才知道這段路其實沒有想像中的簡單哪，依舊起伏不斷，坡度比想像中的大很多，而且中途還下雨！我們在車裡樂得大笑，邊聽音樂邊吃零食，等著看他們狼狽的樣子。

但車子越開越遠，都快到目的地了還沒看到他們，我們開始有點擔心（我們的車），是走錯路或出了什麼事嗎？後來在離終點七公里處終於追到他們。原來他們一早這麼急著出發，就是為了要打敗我們，提早到達Mayoka Village。看他們樂

在其中的樣子，不禁想像當他們踏上自己的旅程時，會發生什麼樣的故事。

Mayoka Village給了我們一間七人房，隔天大衛和凱文也騎著腳踏車到了，我們一群人就在這裡開趴嬉鬧，笑鬧不斷，幾乎把整間旅舍鬧翻。

某天早上，我邊吃早餐邊寫日記的時候，尼爾跑過來跟我說：

「嘿，修修，我在做個東西，等一下要給你吃的。」
「啊？這麼好，什麼東西？」
「大麻蛋糕，嘿嘿。」

其實尼爾在卡龍加的時候，就試探性地問旅舍的工作人員，有沒有辦法可以買到大麻。那個員工說，沒問題啊，你要買多少？尼爾拿了大概兩塊錢美金的等值克瓦查給他，結果那人拿回三大支用樹葉包起來的大麻葉，尼爾看了樂呆了，直呼：「天啊，這份量可以讓我們每天抽，抽到旅程結束還有剩吶！」

此後只要休息或沒事的時候，他就會熟練地拿出捲菸紙出來製作大麻菸，然後哈上幾口。據他說吸了大麻之後，會有一種放鬆感，然後反應也比較慢，會覺得世界上每件事情都變得好笑了。只可惜我不會抽菸，無法體驗這種感覺。

「你記得我們在超市買的布朗尼粉嗎？我們來做個布朗尼大麻蛋糕，我一定要你試試看大麻的滋味。」
「咦？好啊好啊！」

於是他照著食譜把原料準備好，加入了大麻菸草，然後用木炭烤出了一個外型和外面賣的相去不遠的布朗尼蛋糕。我聞了一下，好香啊！只是真的帶有一點大麻的味道。

「來吧，修修，你來吃第一塊！」尼爾挖了一塊給我。

大鬧馬拉威的七人組。

「哇喔！好吃耶！」

我咬了一口，意外的好吃！其實我不太喜歡大麻的味道，但是巧克力布朗尼的香甜把它蓋過去了。當我吃完手上這一塊，要再拿一塊時，豆子好意地提醒我：

「嘿，修修，你要不要先等一下，看看有沒有生效，要不然一次吃太多會很難過。」

我乖乖聽話。過了一個多小時，啥事都沒發生，我問道：「奇怪，我什麼都沒感覺到耶，大概要等多久啊？」
尼爾說：「頂多三十分鐘吧，可能吃進去的要等久一點？還是吃得不夠多？」
「管他的，我再吃幾塊試試看。」

於是我又切了一大塊吃掉，越吃越順口，我還去泡了杯咖啡來配蛋糕，不知不覺一個八吋的布朗尼蛋糕，已經被我吃掉一大半。我半躺在椅子上看書曬太陽，過了一會兒，開始慢慢感覺到什麼了。先是頭暈，有點像是喝醉的暈，但是更強烈，整個世界都像在天旋地轉。

我忽然覺得太陽好刺眼，覺得自己好像浮在半空中，陽光變得五彩繽紛，照得我睜不開眼睛。我又覺得好累，動都動不了，好想好好睡一覺，於是我掙扎起身，爬到離我只有五公尺的床上，就昏了過去。之後依稀聽到有人來叫我吃晚餐，但是我連眼皮都懶得睜開，就這樣從下午五點睡到隔天早上九點，睡了整整十六個小時！

隔天大夥問我感覺怎樣。

「天啊，我再也不敢嘗試了，那感覺太痛苦了。好像真的被石化了，動都動不了。」我揉著太陽穴，感覺還有點暈。
「哈哈哈，就叫你不要吃那麼多，你竟然自己吃掉一半！」尼爾拍手大笑。

「說真的，你到底放多少進去啊？」豆子問尼爾。

「我自己只留了一點，把剩下的一整坨都丟進去啊！反正我不打算把大麻帶過關，我不想被關起來。」尼爾說。

「喔天啊，那些量我們可以抽上一個月吧？」蘿倫聽了睜大眼睛，覺得不可思議。

「媽的，原來如此，我現在想到大麻的味道就想吐……」我心有餘悸地說。

大家笑得超開心，然後把剩下的蛋糕全丟了。從此以後，只要他們又開始抽大麻，我就閃得遠遠的，那味道已經在我心裡留下深深的陰影。過兩天後我們兩車往南繼續出發，大衛和凱文想要多待幾天，於是我們留下合照後，相約終點開普敦再會。

從Mayoka Village南下後，我們決定和威爾、蘿倫、豆子一起旅行一陣子，因為實在太多笑料太好玩啦！

威爾之前在海上生活了十年，擔任領航員，是名副其實的「見過大風大浪」的男人。記得剛在喀土木遇到他時，有天大家在煮飯，忽然一個裝滿汽油的鋼瓶著火了！大家頓時四散逃命去，不知如何是好。只見他冷靜地從車裡拿出滅火器，唰的一聲，警報解除。是個心胸寬廣又可靠的男人。

蘿倫和豆子出發前在加拿大擔任社工，看了很多無奈的人生百態，在周遭親友沒一個看好的氛圍下，決定出來看看世界。蘿倫可說是drama queen的化身，常常做一些很誇張的動作，像是把衣服塞進肚子，模仿分娩前的拉梅茲呼吸這類毫無形象的動作。熟了之後講話更是百無禁忌，每次都快被她笑死。

有次尼爾講到：「真希望明天的風是從我們背後吹來……」她馬上接：「對，我知道你最喜歡被威爾從後面來了。」又有一次，大家在升火烤香腸，嫌今天買來的香腸有點小，她接著說：「這就交給豆子來烤吧，反正他平常就很習慣把玩小香腸。」我笑到把啤酒吐出來。

她雖然平常大剌剌的，但其實心思很細膩，心腸又軟，超級喜歡小動物，也是性情中人，看到感動的新聞會馬上飆淚那種。

豆子的個性則是另外一個極端，隨性又好相處，是那種朋友有需要幫忙，他會第一個跳出來的人。平常看起來靜靜的，吉他一拿起來猛得嚇死人（他說他在團裡是彈bass，我傻眼）。他和蘿倫一靜一動，一溫一火，簡直就是絕配。

我們「Team Good Shout」就這樣一起大鬧馬拉威，每到一個地方就幾乎把那裡全面佔領，到處打翻東西，弄得亂七八糟。我和尼爾把所有的行李都丟車上，好像有專屬的補給車似的。我們通常吃完早餐就先出發，然後騎著空車前往下個目的地。沒有負重的我們時速至少＋5以上。

威爾喜歡做麵包，把麵粉、發粉、酵母和水揉成麵團，等發酵後，放在鑄鐵鍋裡再用木炭從外面加熱，不久就有現烤的香噴噴麵包可吃。豆子則擅長做披薩皮，有時候我們心血來潮，去超市買起司和快過期的香腸回來，光用平底鍋，做出來的披薩真的不輸餐廳裡的。最棒的是，這裡不管麵粉或木炭都便宜到像是不用錢，煮一餐的成本算起來不到台幣十塊。

我們常常一邊吃一邊感嘆，啊，連這麼克難做出來的食物都這麼好吃，想像一下我們結束旅程回家後，使用設備齊全的廚房，可以做出多麼美味的料理啊！

我們每天做的事情，基本上就是討論晚餐要吃什麼，然後去買材料，之後邊喝啤酒邊煮東西，吃完之後沒事就睡了。隔天起得來的人就看看日出，睡個回籠覺之後再起來吃早餐，吃完後跳進馬拉威湖小游一下。吃完午餐休息一下，當然就是下午茶時間囉，除了茶和咖啡以外，我們會做些小點心，有次還把整顆馬鈴薯切片油炸，做成洋芋片來吃。

生活好像可以就是這麼簡單耶。

Team Good Shout 的背影。望向未來，望向遠方。

我們會玩些真心話大冒險之類的小遊戲；或是坐在一起看電影，看完之後討論劇
情；或是討論死刑的存廢，大家爭得面紅耳赤。但是聊的最多的，還是這趟旅程
結束後，我們各自的打算。

威爾會再回去航海；蘿倫和豆子會踏上另外一段旅程，或許也像我們一樣，騎腳
踏車走向另一個未知的國度；尼爾會在開普敦待一陣子後再回台灣，但不會放棄
探索世界和冒險的生活。我呢，第一件事情當然是把老婆娶回家，或許把我的故
事寫出來。

對未來，我們都有太多未知，但我們唯一能確定的一件事就是：這段旅程，將成
為我們永生難忘的美好回憶。

QR code map

五星級飯店已經不夠看了，我會懷念我的五十億星級飯店。

納米比亞，離終點不遠了。

QR code map

最終回：
Imagine

2015年的六月三十號，我騎著輕裝上陣的腳踏車，從南非開普敦出發，踏向這段旅程的終點——南非好望角。

前幾天都在開普敦玩耍，這裡最著名的就是有「上帝的餐桌」美名的桌山了，抵達開普敦的那天，遠遠的就能看到它。剛看到的第一眼，我驚訝於它的形狀真的像是桌子一樣平坦。過幾天爬上去的時候，剛好有霧氣從山的後面飄過來，翻越山頂時，竟然就像是白色的桌巾一樣平鋪在上面！我一點都不想細究在地理上桌山是怎麼形成的，它怎麼可能不是上帝的傑作！？

當然我也去參觀了羅本島，這裡在1999年被列為世界遺產。跟我們的綠島一樣，這裡以前關了很多政治犯，已故的前南非總統曼德拉，就是其中的一個。他一生被囚禁二十七年，其中有十八年是在這裡度過的。

我站在這個他當年的牢房前，那是一個比兩塊榻榻米還大一點的空間，他身邊只有一床毯子，一張小桌子和一只便溺用的桶子。他一大早醒來，會做伏地挺身和原地跑步等簡單的運動，保持自己的體能，白天就被拉出去做苦工，採集石灰或

到海裡去撈海帶，晚上就在這樣的空間裡念書攻讀學位。

他在獄中遭受各種侮辱和折磨，他的老婆在外面也持續受到騷擾和羞辱，當他終於獲得釋放時，已經從四十幾歲的壯年，變成白髮蒼蒼的七十二歲老人了。他走出監獄的第一個決定，就是選擇放下仇恨。

當我看到這座牢房，想到他的這句名言：「當我走出囚室、邁過通往自由的監獄大門時，我已經清楚，自己若不能把悲痛與怨恨留在身後，那麼我其實仍在獄中。（I walked out the door toward the gate that would lead to my freedom, I knew if I didn't leave my bitterness and hatred behind, I'd still be in prison.）」我震驚得說不出話來，眼眶充滿淚水。這是多麼偉大的靈魂啊。

從開普敦到好望角大概七十多公里，我沿著M6號公路走，經過豪特灣時，天氣霧

抵達好望角。

濛濛的，還下點細雨。進入查普曼峰山路後，整片天空忽然打開了，耳聞開普敦天氣變化之快，果然一點不假。這是一條絕美的山路，有點像是蘇花公路到清水斷崖那段，一邊是峭壁，另一邊就是海洋。這條路景色太美，沿路設有許多觀景點，從這裡往北看，遠處的山峰活像隻趴著的恐龍，令人驚嘆不已。

我就這樣一路欣賞美景，中途還去Boulders Beach看了企鵝，輕鬆騎到世界的盡頭好望角。其實我到了之後，心裡滿平靜的，例行性的舉車請路人幫我拍照，打卡上傳，然後就打道回府。

我想起前一年挑戰兩百二十六公里的超級鐵人三項時，進終點也沒有像別人說的那樣痛哭流涕，倒是在跑最後的馬拉松途中時，突然意識到，我真的可以完成這個以前完全不敢想像的比賽耶！那一瞬間，我真的為自己感到好驕傲，於是就熱淚盈眶了。

那這趟旅途呢？我是在哪裡有這樣的感覺呢？同樣也不是在終點，而是在英國利物浦。

我以為利物浦會是個繁忙的港都，但到了才發現不然，感覺氣氛很悠哉，但很有文化氣息。白天路上行人不多，一到了晚上，酒吧裡擠滿了人，走在街上常可以聽到有人在唱卡拉OK。

會來這裡當然是為了披頭四啊！我是披頭四的超級大歌迷，利物浦對我來說就像是聖地一樣。我住在一間Mathew Street旁邊的青年旅舍，這條街最有名的就是Cavern Club，當年披頭四曾在這裡表演了292場。其他像是The Beatles Story博物館、Strawberry Field、Penny Lane等等，當然都是要去朝聖的地方。

忽然我有個瘋狂的想法：幹，不如我就在Mathew Street開唱吧！

這個想法一跑出來，我的手心馬上就開始冒汗了。靠腰啊，我的吉他拿出來的次

數大概兩隻手數得出來，其他時間都是拿來當駐車架，指甲早就長得要死，都忘記上次彈吉他是什麼時候了。現在要在神的故鄉開唱，這真的已經不是關公面前耍大刀可以形容了。

幹，管他的，我要唱！而且全部都要唱披頭四的歌！想想我有練過哪些，基本款的〈Yesterday〉、〈Hey Jude〉，歌詞背不太起來的〈Across The Universe〉，唱起來很舒服的〈Michelle〉，喬治·哈里遜的〈While My Guitar Gently Weeps〉、〈My Sweet Lord〉……總覺得還少了什麼。

對了！〈Imagine〉呢？我竟然沒練過〈Imagine〉！沒唱這首歌怎麼行！？於是我趕緊開始抓和弦背歌詞，練了一下，覺得還蠻簡單的，只是歌詞需要背熟一點，一邊背一邊逛披頭四博物館吧。於是我戴上耳機，重複播放〈Imagine〉，一邊跟著哼歌詞，往Albert Dock走去。

Imagine there's no heaven（想像一下，如果這世界沒有天堂）
It's easy if you try（試試看，你會發覺其實很簡單）
No hell below us（我們腳底下沒有地獄）
Above us only sky（頭頂上就只是一片藍天）
Imagine all the people... living for today... Aha-ah...（想像一下，如果每個人都能活在當下……）

我忽然開始掉眼淚。

一開始只是眼眶泛淚而已，後來越來越誇張，竟然哽咽到沒辦法跟著唱了，我就這樣一路掉眼淚掉到博物館。先平復一下情緒，買了票進去，看著披頭四以前的點點滴滴，又開始哭，有時候哭得太誇張，還得先躲到沒人的角落擦乾眼淚，要不然被人發現，可能會誤以為我是遭逢巨變還是怎樣。

博物館的最後，有個白色的房間，擺著一台白色鋼琴和一把吉他，是約翰·藍儂

披頭四博物館最後的展覽室。

生前彈過的樣式，鋼琴上面放著他的照片，現場一直不停地播放〈Imagine〉。旁邊有一面牆，牆上放滿了男女老少、不同膚色種族的臉。

Imagine there's no countries（想像一下，如果這世界沒有國家）
It isn't hard to do（其實並不難的）
Nothing to kill or die for（沒什麼值得去殺戮或犧牲生命）
And no religion, too（同樣的，如果沒有宗教呢）
Imagine all the people living life in peace...（想像一下，如果每個人都能生活在安詳、寧靜中……）

我在那邊站了許久，許久，忽然覺得，生平第一次，我好像聽懂這首歌了。

回旅舍後，我拿了吉他出來，在大廳練習。看起來像是老闆娘的姐姐問我，該不會是想在Mathew Street唱〈Imagine〉這首歌吧？我說對啊，她說，先唱給她聽，讓她鑑定一下，於是我從頭到尾唱了一遍。曲畢，她拍拍手說道：「我們這

裡真的一天到晚都有人唱這首歌，但你唱得真的很好。我剛剛幫你錄影起來了，我會分享給我朋友，謝謝！」

隔天，我把行李收好，把車牽到Mathew Street上的約翰‧藍儂雕像旁邊，先唱了幾首披頭四的歌暖嗓，然後就是〈Imagine〉。

Imagine no possessions（想像一下，如果每個人都放棄財產）
I wonder if you can（我好奇你是否真能做到）
No need for greed or hunger（世上再也沒有貪婪或飢餓）
A brotherhood of man（大家都是一家人）
Imagine all the people... sharing all the world...（想像一下，如果每個人能一起分享全世界……）

You may say I'm a dreamer（你或許會說，我是在做白日夢）
But I'm not the only one（但我不是唯一一個）

非假日的下午，這條街上非常冷清，就只有我和他。當我唱到最後一句：

I hope someday you'll join us（我希望有一天你能加入我們）
And the world will live as one（然後這世界將會合而為一）

我深呼一口氣，心裡感到無比的充實和寧靜，深深覺得，我已經是約翰‧藍儂的夥伴了。

就在這一刻，我找到屬於我的大祕寶了。

QR code map

我已經是約翰・藍儂的夥伴了。

後 記

去年回台灣後，我一直在掙扎，到底要不要出書。雖然在臉書上連載時，鄉民的碗都敲到破了好幾個，我還是覺得，出書不難，但若只是為了出書而出書，如果這本書不能為讀者帶來價值，那它不只浪費讀者的生命，還白白犧牲了很多樹。

但我一位好兄弟跟我說：「你想太多了，就算只是分享一路上的見聞，就可以讓我這個鎮日工作的人暫時脫離現實，和你一起去環遊世界，況且你的很多故事，我都覺得相當值得和大家分享呀。」我才覺得，或許是我太鑽牛角尖了？是啊，只要有一個人就好，如果那個人看了我的故事，能有勇氣去踏出舒適圈，航向他自己的偉大航道，從此改變了他的生命，創造更多的價值，那這本書就功德無量了。

謝謝看到這裡的您，希望這本書有達到我設定的目標，至少讓您在這煩悶的社會氛圍中，看了能夠科科一笑。

在這裡我要感謝一些人，沒有他們我完成不了這次旅程。謝謝在聯發科待我像弟弟一樣的妙姐，聽了我的計畫後，利用您德高望重的地位，向同事們展開募（ㄅㄛ）款（ㄙㄨㄛˇ），幫我募集了近十萬塊的款項。謝謝我的好長官Alex和Jasper，很豪氣地認養了我的腳踏車和露營設備，謝謝好學長Vincent、敬愛的Samson、Tony和Ethan的慷慨解囊，謝謝社長和業助姐妹，認養了汽化爐和咖啡器具，讓我每天早上都有新鮮的咖啡喝。謝謝華碩的兄弟Jeff，雖然你贊助的筆電是很娘的桃紅色，但它還是完成了使命。（呼口號：華碩品質，堅若磐石！）

感謝台灣雲豹董事長徐正能先生，用成本價提供我一台鈦合金的戰車，還負責沿路的零件補給。謝謝尚品綠能的楊總、羅姐、Larry哥，你們的發電機真是世界第一，

讓我這個阿宅有源源不絕的電力。謝謝Daniel大哥提供攝影器材，讓我拍了許多好照片。

還有旅程中遇見、同行或者以各種方式幫助我的朋友，何其幸運能在茫茫人海中遇見你們，謝謝你們。

謝謝郝船長，在聽了我胡言亂語一個小時後，就決定幫我出書。還有大塊的夥伴：Winnie、雅涵、Amber、Eden，謝謝你們這麼用力地催稿，用心地把我碎碎念的文章變成一個好故事呈現給大家。

最後要謝謝我的家人不斷鼓勵我，給我力量一直走下去。還有我的爸媽，雖然我為了不讓你們擔心，從頭到尾都沒跟你們說我要去幹啥，但你們還是一如往常支持（放任）我去做想做的事情。

最後要謝謝我未來的老婆，謝謝妳在聽了我的計畫後，竟然還願意和我交往。在台灣等我歸來的這兩年，不但成為我最大的心靈支柱，還是我的專屬秘書，幫我處理在台灣的所有雜事，更負責掌握我的行蹤，以免我一不小心就消失在世界上。每當我騎得很累的時候，只要想到我每踩一次踏板，就能離妳更近一些，就又充滿了力量。回台灣後，也是妳不斷地鼓勵我，這本書才得以誕生，我要把這本書獻給妳。

接下來又是另一個挑戰了，到底有什麼樣的冒險等在我前面呢？（魯夫貌）

Change 2

1082萬次轉動
帶著電玩哲學的單車冒險

作者：張修維
責任編輯：張雅涵
封面設計：林育鋒
美術編輯：林育鋒
校對：呂佳真
法律顧問：董安丹律師、顧慕堯律師

出版 ─── 英屬蓋曼群島商網路與書股份有限公司台灣分公司

發行 ─── 大塊文化出版股份有限公司
台北市10550南京東路四段25號11樓
www.locuspublishing.com
讀者服務專線：0800-006689
TEL：(02)87123898
FAX：(02)87123897
郵撥帳號：18955675
戶名：大塊文化出版股份有限公司

總經銷 ─── 大和書報圖書股份有限公司
地址：新北市新莊區五工五路2號
TEL：(02) 89902588
FAX：(02) 22901658

製版 ─── 瑞豐實業股份有限公司

初版一刷：2016年9月
初版三刷：2019年8月
定價：新台幣380元
ISBN: 978-986-6841-75-0

1082 萬次轉動 / 張修維著

──初版·──臺北市：

網路與書出版：大塊文化發行 , 2016.09

352 面；17*23 公分·──﹝change；02﹞

ISBN 978-986-6841-75-0﹝平裝﹞

1. 遊記 2. 腳踏車旅行 3. 世界地理

719　　105011359